熊华堂 著

生活中的道

和你一起读《老子》

中国物资出版社

图书在版编目（CIP）数据

生活中的“道”：和你一起读《老子》/熊华堂著.—北京：中国物资出版社，2012.1

ISBN 978－7－5047－4057－1

Ⅰ.①生… Ⅱ.①熊… Ⅲ.①老子－研究 Ⅳ.①B223.15

中国版本图书馆CIP数据核字（2011）第238759号

策划编辑 初景波　　**责任印制** 方朋远

责任编辑 初景波　　**责任校对** 孙会香　饶莉莉

出版发行 中国物资出版社

社　　址 北京市丰台区南四环西路188号5区20楼　　**邮政编码**：100070

电　　话 010－52227568（发行部）　　010－52227588转307（总编室）

010－68589540（读者服务部）　　010－52227588转305（质检部）

网　　址 http://www.clph.cn

经　　销 新华书店

印　　刷 北京京都六环印刷厂

书　　号 ISBN 978－7－5047－4057－1/B·0302

开　　本 710mm×1000mm　1/16

印　　张 17.75　　**版　　次** 2012年1月第1版

字　　数 318千字　　**印　　次** 2012年1月第1次印刷

印　　数 0001—4000册　　**定　　价** 38.00元

《道德经》横空出世

代序

老子其人

李耳，又名老聃，是我国古代最伟大的哲学家和思想家之一，道家学派创始人，世界文化名人，后人称其为“老子”，楚国苦县厉乡曲仁里（今河南鹿邑）人。

函谷关传道

周敬王四年（公元前516年），周王室发生内乱，老子见东周衰微，辞去旧职。于是离宫归隐，骑一青牛，欲出函谷关（今河南三门峡市境内），西游秦国。

离开周王朝洛邑（今河南洛阳）不远，但见四野一片荒凉。断垣颓壁，井栏摧折，阡陌错断，田园荒芜，枯草瑟瑟。田野里不见耕种之马，大道上却战马奔驰不息，有的马还拖着大肚子艰难地尾追其后。目睹此景，老聃心如刀绞，内心想道：“夫兵者，不祥之器也，非君子之器。不得已而用之，适可而止，恬淡为上。胜而不必自美，自美者乃乐杀人也。夫乐杀人者，不可以得志于天下矣！以道佐人主者，不以兵强天下。兵之所处，荆棘生焉；大兵之后，必有凶年。天下有道，却走马以粪；天下无道，则戎马生于郊。戎马生于郊，则国乱家破矣。”

话说当时的函谷关关长伊喜，少时即好观天文、爱读古籍，修养深厚。一日夜晚，独立楼观之上凝视星空，忽见东方紫云聚集，其长三万里，形如飞龙，由东向西滚滚而来，自语道：“紫气东来三万里，圣人西行经此地。青牛缓缓载老翁，藏形匿迹混元气。”伊喜早闻老子大名，心想莫非是老子将来？于是派人清扫道路四十里，夹道焚香，以迎圣人。

七月十二日午后，夕阳西斜，光华东射。伊喜正欲下关查看，忽见关下稀落行人中有一老者，倒骑青牛而来。老者白发如雪，其眉垂鬓，其耳垂肩，其须垂膝，红颜素袍，简朴洁净。伊喜仰天而叹道：“我生有幸。得见圣人！”三步并作两步，奔上前去，跪于青牛前拜道：“伊喜叩见圣人 ”

老子见叩拜之人方脸、厚唇、浓眉、端鼻，威严而不冷酷，柔慈而无媚态，早知非一般常人，故意试探道："关令大人叩拜贫贱老翁，非常之礼也！老夫不敢承当，不知有何见教？"伊喜道："老丈，圣人也！务求留宿关舍以指修行之途。"老子道："老夫有何神圣之处，受你如此厚爱？惭愧惭愧，羞煞老夫矣！"伊喜道："伊喜不才，好观天文，略知变化。见紫气东来，知有圣人西行；见紫气浩荡，滚滚如龙，其长三万里，知来者至圣至尊，非通常之圣也；见紫气之首白云缭绕，知圣人白发，是老翁之状；见紫气之前有青牛星相牵，知圣人乘青牛而来也。"

老子听罢，哈哈大笑："过奖！过奖！老夫亦早闻你大名，特来拜会。"伊喜闻言大喜，叩头不迭。之后，引老子至关舍，请老子上坐，焚香而行弟子之礼，恳求道："先生乃当今大圣人也！圣人者，不以一己之智窃为己有，必以天下人智为己任也。今汝将隐居而不仁，求教者必难寻矣！何不将汝之圣智著为书？伊喜虽浅陋，愿代先生传于后世，流芳千古，造福万代。"

老子允诺，以王朝兴衰成败、百姓安危祸福为鉴，溯其源，著上、下两篇，共五千言。上篇起首为"道可道，非常道；名可名，非常名"，故人称《道经》。下篇起首为"上德不德，是以有德；下德不失德，是以无德"，故人称为《德经》，合称《道德经》。《道经》言宇宙本根，含天地变化之机，蕴阴阳变幻之妙；下篇《德经》，言处世之方，含人事进退之术，蕴长生久视之道。

至此，《道德经》横空出世，与日月同辉。伊喜得之，如获至宝，终日默诵，如饥似渴。

几千年来，《道德经》一直被奉为天书、玄书，一般人很难读懂，但在历代高士、大德们眼里这是极其珍贵的宝典，于是代代相传，至今不辍。

不少人都从骨子里敬仰《道德经》，而真正捧起这本天书的时候，又觉得它的确是艰涩难懂，不知所云。这其中的原因主要有两个：一是缺乏耐心，把《道德经》当成普通书籍阅读，虽然《道德经》只有五千多字，但想用半天的时间去读完它是绝对不可能的事情，事实上，任何一句话都需要我们付出漫长的时间去品味，甚至要用一生的时间去实践；二是缺乏慧根，读懂《道德经》必须要有一定的阅历，还要有极强的思维和参悟能力，否则即便是读上一万遍也可能还是不解其中深意。这一点读者要有思想上的准备，否则与《道德经》这本宝典失之交臂也就不难想象了。

目录

第一章 道不可言

道可道，非常道；名可名，非常名。无，名天地之始；有，名万物之母。故常无，欲以观其妙；常有，欲以观其激。

道可道，非常道；名可名，非常名。无，名天地之始；有，名万物之母。故常无，欲以观其妙；常有，欲以观其徼。此两者，同出而异名，同谓之玄。玄之又玄，众妙之门。

本章开篇提出了“道”的概念，首先告诉世人，“道”是生天生地的母体，“道”是一切玄妙的门户。“道”还是贯穿《道德经》始末的一个主线。

道可道，非常道。

道，哪里可以言说呢？能言说的就不是恒定不变的真“道”了。常，是指永远存在，不失不灭。

能够言说的“道”，只是寻常日用的五伦之道，是治国安民之道，绝非大道。

名可名，非常名。

名，是指无动无形，无空无相；可名，是指可以名状。但可以名状的就不是永恒的那个“名”。常名，绝非有形有相，它是虚中虚，空中空，虚中有实，空中有相，是只可意会、不可名相的。

无，名天地之始；有，名万物之母。

天地之始，是混元纯一不杂的状态，天地乃从这“无”中生。其实，天地之前，大道还孕育出阴阳二相。“有”，便是虚空大道所生之物，就是这个“有”，又和合而成万物，是一切个体之母。

老子把“道”的运行分成两个阶段，第一个阶段是浑沌未开之时；第二个阶段是出现了阴阳对立，造化了天地，天地又造化了万物。

故常无，欲以观其妙；常有，欲以观其徼。

常无，就是指恒定的空寂，置身空寂，便能体证其中的奥妙。常有，是指存在的万象，置身万象，便能体证其中的生与灭。

佛家讲无常、寂静，由于宇宙万法迁流，刹那变化，故曰无常，这便是从“有”上来说的；由于无一物不归于灭，故从法性上又说寂静，指即生即灭，常不可得，自性不可得，总归于空，这便是从“无”上来说的。

所以，无论是道家还是佛家都认为，“有”与“无”不是对立的，是一体两面，“有”是在谈现象，“无”是在谈法性、本质性。

此两者，同出而异名，同谓之玄。玄之又玄，众妙之门。

老子认为，有与无，都是出于一处的，只是名相不同。你从“无”中去观，可以得道，你从“有”中去观，同样也可以得道。万法之中，无一法不来自大道，无一法不隐含大道。这其中的玄妙非常精深、微妙，只可以心中参悟，不可以口中言说的。

庄子在《知北游》中就有一段关于“道”的精彩对话，大抵可以帮助我们更透彻地体悟“道”的深味。

有一天，泰清问无穷说：你懂得“道”吗？

无穷说：不知道。

又问无为，无为说：我知道。

泰清说：你所知的“道”，有具体的说明吗？

无为回答说：有。

泰清又问：是什么？

无为说：我所知的“道”，贵可以为帝王，贱可以为仆役，可以聚合为生，可以分散为死。

泰清把这番话告诉无始说：无穷说他不知“道”，无为却说他知“道”，那么到底谁对谁错呢？

无始说：不知“道”的才是深邃的，知“道”的就粗浅了。前者是属于内涵的，后者只是表面的。

于是泰清抬头叹息说：不知就是知，知反为不知，那么究竟谁才懂得不知的知呢？

无始回答说：“道”不是用耳朵听来的，听来的“道”便不是“道”。“道”也不是用眼睛看来的，看来的“道”不足以为“道”。“道”更不是可以说得出来的，说得出来的“道”，又怎么称得上是“道”呢？你可知道主宰形体的本身并不是形体吗？任何名称都是不能说明大道的。

继而无始又说：有人问“道”，立刻回答的，是不知“道”的人，甚至连那问“道”的人，也是没有听过“道”的。因为“道”是不能问的，即使问了，也是无法回答的。不能问而一定要问，这种问是空洞乏味的，无法回答又一定要回答，这个答案岂会有内容？用没有内容的话去回答空洞的问题，这种人外不能观察宇宙万物，内不知“道”的起源，当然也就不能达到攀登昆仑、遨游太虚的境地。

唐朝诗人白居易有一首诗说：“言者不如知者默，此言吾闻于老君。若道老君是知者，缘何自著五千文。”白居易就很纳闷，他说，我从老子（老君）那里听到大道无言的教诲，但老子又为什么写了《道德经》呢？既然道不可言，那么，老子又为什么现身说法呢？

其实，圣人不传道，凡人万年痴。所谓道不可言，是指言语无法形容“真道”，因为“道”乃空灵寂静，实在是只可意会、不可言表的。

老子传道是在谈论自己对大道的体认，是一种大仁爱，但能不能体悟其中妙味就还需看各自的根器了。

第二章 功成不居

天下皆知美之为美，斯恶已；皆知善之为善，斯不善已。有无相生，难易相成，长短相形，高下相倾，音声相和，前后相随，恒也。

天下皆知美之为美，斯恶已；皆知善之为善，斯不善已。有无相生，难易相成，长短相形，高下相倾，音声相和，前后相随，恒也。是以圣人处无为之事，行不言之教；万物作而弗辞，生而弗有，为而弗恃，功成而弗居。夫唯弗居，是以不去。

本章讲世间万物都是在对立中生存，在生存中对立。这些现象很容易让人沉迷其中，但得道者却别具慧眼，看到的是表象，体悟的是大道，从而获得了身心的大自在。

天下皆知美之为美，斯恶已。皆知善之为善，斯不善已。

天下人都知道什么是美，那么丑的观念就会跟着产生；都知道什么是善，那么不善的观念也会跟着产生。美是因丑而得以彰显，丑是因有美而得以唾弃。善是因不善而得以彰显，不善是因善而得以唾弃。

肯定美或肯定善，都不是老子的本意，因为，你肯定了美和善的同时也确定了丑与不善。抛弃对立分别，融身太虚之中方是大道的境界。

有无相生，难易相成，长短相形，高下相倾，音声相和，前后相随。恒也。

所以说，有与无互相依存，难与易相反相成，长与短互相比较，高与下互相依靠，音与声互相和谐，前与后互相跟随，这是永恒的表象。

老子告诉我们，你如果沉浸在万物的表象，那么，你就永远只能活在一个矛盾的世界，而你对矛盾的双方的抉择都是没有意义的，因为，万物的本性都归于大道，都是一个东西，没有什么两样。

庄子在《齐物论》中说，天地一指也，万物一马也。即是从"道"的本性上看，万物是没有分别的。

所以，人们坚信各自的分别，执著于那个相对，都是活在幻境中，是远离大道的。

是以圣人处无为之事，行不言之教；万物作而弗辞，生而弗有，为而弗恃，功成而不居。夫唯弗居，是以不去。

得道的人深知"万物齐一"的道理，从不敢逆道而为，也不敢轻言己见；万物兴起而不打压，顺其自然就好；万物出现在眼前也从不想着拥有；自己有作为也不依仗；有功劳也不居功。正因为不坚持己见，尊重自然，不占有，不居功，才拥有一切，挥之不去。

以上是外说，就是站在世间的角度来解说的。如果站在个人修行的角度来说，老子告诉我们的是：忽视差异，放下分别；不求拥有，放下贪念，这才是悟道的前提与准备。

第三章 分毫不争

不尚贤，使民不争；不贵难得之货，使民不为盗；不见可欲，使民心不乱。是以圣人之治，虚其心，实其腹，弱其志，强其骨。常使民无知无欲，使夫智者不敢为也。

不尚贤，使民不争；不贵难得之货，使民不为盗；不见可欲，使民心不乱。是以圣人之治，虚其心，实其腹，弱其志，强其骨。常使民无知无欲，使夫智者不敢为也。为无为，则无不治。

本章告诉世人，妄念是纷争之源，纷争是万恶之本。只有抛弃妄念，才是治身治心的关键。

不尚贤，使民不争；不贵难得之货，使民不为盗；不见可欲，使民心不乱。

不标榜贤良，使人不起争心；不显示财宝的珍贵，使人不起盗心；不展现能引起欲望的东西，使人心不被惑乱。

从某种角度上说，圣人总是反社会的。因为社会是符合大众的，而圣人是符合大道的。我们看到的社会都是在提倡贤能，显赫财宝，凸显奇异。但老子却告诫世人，那些东西只会引来恶性竞争、为盗为娼和民心大乱。

庄子也认为，有“道”的时代，不标榜贤人，不任用才能，而天下不治而治。那样的话，君主就像高处的树枝一样，默然而无为；那时的百姓就像林中的野鹿一般，悠然自得。

庄子还说过，君子如果能不伤害身体，不显耀聪明；静待无为而自然有威仪，沉默不言而后道德临至，精神有所归向以使动作自然合乎天理，从容无为而使万物能自在游动，那又何必去治理天下呢?

是以圣人之治也，虚其心，实其腹，弱其志，强其骨。

所以，得道了的人治理天下，总是净化心思，让人们没有那么多的贪想杂念；仅仅满足人们的安饱；不让人们有太多的想法；增强人们的体魄。

虚心、就是心无杂念、一心不乱。但老子也不提倡苦行，吃饱肚子是前提，所以要“实其腹”。

一个人吃饱饭之后，又会滋生出过多的贪欲，奇思妙想也会随之而至，所以要“弱其志”。

虚其心、实其腹、弱其志都做到了，身体强健就是必然的结果了。这里表面上看是在谈治国，其实是在谈修行的功夫。

常使民无知无欲，使夫智者不敢为也。为无为，则无不治。

长期使老百姓处于无知无欲的淳朴境地，这样就会使那些有点小聪明的人也不敢胡作非为了。天下人都顺道而行，没有了逆道而为者，那么，天下一团和气，还需要治理吗?

世人烦恼的根源就是“敢为”二字，而“敢为”的背后是巧智和欲望。人类张扬巧智，膨胀欲望，其结果就是人心大乱，天下大乱。

以上是外说。内说是指一个人不要追求巧智，不要要小聪明；要远离外境的各种诱惑，让自己处于无欲、无杂念的心境，这样，我们的身心才能得到最好的治理。

第四章 象帝之先

道冲，而用之或不盈。渊兮似万物之宗。挫其锐，解其纷，和其光，同其尘。湛兮，似或存。吾不知谁之子，象帝之先。

道冲，而用之或不盈。渊兮似万物之宗。挫其锐，解其纷，和其光，同其尘。湛兮，似或存。吾不知谁之子，象帝之先。

本章再谈“道”的玄妙与功用。“道”无所不能，无时不在，无处不在。它在一切现象出现之前就存在了。

道冲，而用之或不盈。

道，是虚空的，但它的作用却永不穷竭。

道，是创造一切万物的无形的、神奇的力量，是一切变化的源头。

“道”的特性是极虚、极静，你到了这种境界，道家叫成仙，佛家叫成佛，这只有体证了大道的圣人才能够感受到。

记得宋朝时，有一天，佛印禅师登坛说法，苏东坡闻说赶来参加，座中已经坐满人众，没有空位了。

禅师看到苏东坡说：人都坐满了，此间已无学士坐处。

苏东坡一向好禅，马上机锋相对，回答禅师说：既然此间无坐处，我就以禅师四大五蕴之身为座（坐到禅师身上）。

禅师看到苏东坡与他论禅，于是说：学士！我有一个问题问你，如果你回答得出来，那么我老和尚的身体就当你的座位，如果你回答不出来，那么你身上的玉带就要留在本寺，作为纪念。

苏东坡一向自命不凡，以为准胜无疑，便答应了。佛印禅师就说：四大（地、水、火、风）本空，五蕴（色、受、想、行、识）非有，请问学士要坐哪里呢？

苏东坡为之语塞。因为我们的色身是由地、水、火、风四大假合而成，没有一样实在，不能安坐于此，苏东坡的玉带因此输给佛印禅师了，至今还留存于金山寺。

佛印禅师所说：四大本空，五蕴非有，不是什么都没有，更不是一无用处。我们修证真我，还必须借这个假合体，犹如老子说的“道”，虽无形无相，但它却造化万物，永不停止，作用大得很呢。

渊兮似万物之宗。

大道深厚博大，万物无不以它为本源。

挫其锐，解其纷，和其光，同其尘。湛兮，似或存。吾不知谁之子，象帝之先。

“道”能挫败一切锐利，能解除一切纷扰；能融合一切光亮，能与一切尘埃同存。它似乎无所不在，无时不在。很难说它是从何而来，在一切现象出现之前就有了它。

以上是外说。内说是指，在冥冥之中，恢复我本来面目，回归于无始之先，合道于我，合我于道。不挫其锐，不解其纷，无锋可挫，无纷可解，到达和光、同尘之寂静，而深入“道”之玄奥处。

第五章 天地不仁

天地不仁，以万物为刍狗；圣人不仁，以百姓为刍狗。天地之间，其犹橐籥乎？虚而不屈，动而愈出。多言数穷，不如守中。

天地不仁，以万物为刍狗；圣人不仁，以百姓为刍狗。天地之间，其犹橐籥乎？虚而不屈，动而愈出。多言数穷，不如守中。

本章讲人要效仿天地，大爱无亲。还要效仿大道，怀有无限虚柔，功能圆满，但沉默无言，不求彰显。

天地不仁，以万物为刍狗；圣人不仁，以百姓为刍狗。

这里的“仁”是指儒家提倡的仁爱，源自家族血缘的孝悌之亲，即等差之爱。老子认为，天地作为自然的存在，按照自己的规律运行，是不会有人类的爱憎感情倾向的，所以后面老子说：天道无亲。

而所谓“仁”，老子认为是大道废止了，才会出现仁义。老子将“慈”列为自己的三宝之一，主张无私的慈爱，反对亲疏有别的仁爱。

刍狗，就是用草扎成的狗，是当时的一种祭祀品。

天地不仁，以万物为刍狗；圣人不仁，以百姓为刍狗。就是说天地是没有偏爱的，它把万物当成“刍狗”，不带有自己的情感，不带有自己的偏见。得道的人也是没有偏爱的，它把人与物都当成“刍狗”，不掺杂自己的情感，不掺杂自己的偏见。

佛教，尤其是大乘佛教，主张发菩萨愿，就是要有慈悲心，不仅自己解脱，还要让所有众生都得解脱，这种无私之爱与老子的“慈爱”有异曲同工之妙。

天地之间，其犹橐籥乎？虚而不屈，动而愈出。

橐籥，就是指风箱。天地就像是一个大风箱，天地之间是虚空的，但其间能量无穷，用之不竭。风箱内部也是虚空的，但你只要鼓动它，就永远会有风往外涌出，不会穷尽的。

多言数穷，不若守中。

老子主张无为，因为无为是与大道的本性相应的。

多言数穷，不若守中。就是告诉世人，多言、强为，都会落入惨败，不如坚守虚空大道。引申到国家管理，多言，就是指政令繁多；数穷，就是指不起作用。

以上是外说。内说是指，抛弃偏爱和偏见，学习天地的包容和无为，方能成道。

对于修行人来说，偏爱是个最大的障碍。所以，释迦牟尼在世时就要求弟子，不仅要放下亲情之爱，甚至连同一棵菩提树下都不可连续住三日，就怕对那树产生了感情，而感情是困扰心志的坏东西。所谓“人心死，道心生”便是此意。

第六章 谷神不死

谷神不死，是谓『玄牝』。玄牝之门，是谓天地根。绵绵若存，用之不勤。

谷神不死，是谓“玄牝”。玄牝之门，是谓天地根。绵绵若存，用之不勤。

本章论述“道”的玄妙，说明大道造天造地，具有无穷的能量。

谷神不死，是谓"玄牝"。

谷神就是指"道"，"道"有许多的名号。为什么叫谷神呢？是说"道"就像人们容易理解的神秘山谷一样，无言而生万物，无为而无不为。

牝，是指母性的生殖器官。玄牝，是说母性生殖器官的不可理喻的创造力。这也与"道"性相合。或者说，玄牝也是指"道"。

人们不懂"道"的神奇，老子就说人们能懂的谷神、玄牝以喻之。

玄牝之门，是谓天地根。

"道"的玄牝门户，就是滋生天地的地方。

我们是父母的孩子，天地是大道的儿女。

绵绵若存，用之不勤。

大道连绵不断地永存，它是取之不尽、用之不竭的。

本章用简洁的文字描写形而上的"道"，即继续阐述第四章"道"在天地之先的思想，用"谷"来象征"道"体的虚状；用"神"来比喻"道"生万物，而且绵延不绝，认为"道"是在无限的空间支配万物发展变化的力量。它空虚幽深，因应无穷，永远不会枯竭，永远不会停止运行。

"谷神不死"，体现出"道"的永恒性，即恒"道"。从时间而言，它历久不衰，天长地久。从空间而言，它无处不在、无所不在。它孕育着宇宙万物而生生不息。

"玄牝之门"是产生万事万物的根源，它的作用非常的大。"玄牝之门"、"天地根"，都是用来说明"道"为产生天地万物的地方。我们知道人类最原始的本性，表现为对母体的眷恋，这应该在每个人的内心中都有所感知。然而这种本性在人类的精神需求上，却又曲折地表现为依赖于自然，企求与自然合为一体的那种强烈的愿望。我们今天对大自然的怀念，对田园牧歌式生活的那种向往，也正如孩提时对温柔母体的依赖，急切地希望在自然无穷的奥秘中寻回我们失去的太多东西。

老子所讲的"道"具有伟大而崇高的母性，天地和万物从它那里诞生，并从它那里获取源源不断的生命和享用不尽的养料。它养育着却不占为己有，给予却不自恃有功。这种奉献而不索取的品质和精神恰似养育我们的父母。我们的父母对我们付出了毕生的心血，作为子女的就应该尊重父母、孝顺父母，也就是要尊重他们的人格和情感，尊重他们的付出和劳动，尊重他们为家庭、为社会所作的贡献。

对待生育我们的父母尚需如此，何况是对待生育天地的大道呢？

第七章 天长地久

天长地久。天地所以能长且久者，以其不自生，故能长生。是以圣人后其身而身先，外其身而身存。以其无私，故能成其私。

天长地久。天地所以能长且久者，以其不自生，故能长生。是以圣人后其身而身先，外其身而身存。以其无私，故能成其私。

本章告诉我们，长生是因为不为自己而生，成就自己是因为忘记了自己，这种绝对无私的品质，造就了得道人。

天长地久。天地所以能长且久者，以其不自生，故能长生。

天地是长久存在的。为什么天地会长久存在呢？是因为它们不为自己活着，甚至不知道自己的存在，所以才得到长久的生存。

我们熟知的古希腊圣人苏格拉底，光脚行走于世，传播真理而分文不收；印度圣人释迦牟尼，放下王子地位，过着三衣一钵、日中一食、树下一宿的生活而普度众生；中国圣人老子辞官弃利，布道天下。他们似乎都丢掉了自己，从没有考虑自己，但数千年为后人所敬仰，薪火不绝，永远活在人们心中，这正是“不自生，故能长生”的最好说明。

是以圣人后其身而身先，外其身而身存。以其无私，故能成其私。

因此，得道的人总是效仿天地，把自己置身于他人之后，却偏偏可以受到推崇而领先；把自己置之度外，从不考虑自己的利益，却偏偏可以保全自己。就是因为无私，所以反过来会让自己拥有了更多。

老子的思想均是由自然而推及于人，推及于事，推及于修行的。

人乃自然之子，人只需观察自然的运行，按照自然的本性去做事，就可以与自然耦合，与自然谐和，实现自身利益的最大化。

老子赞美天道，同时以天道推及人道，希望人道效法天道。在老子的观念中，所谓人道，即以天道为依归，也就是天道在具体问题上的具体运用。

先天下之忧而忧，后天下之乐而乐。这是宋朝政治家范仲淹的名句，也是范仲淹学习老子思想的明显反映。历史无数次地验证了老子的处事原则，历朝历代的仁人志士，先人后己，舍己忘私，最终赢得了他人的尊敬和爱戴。

佛教追求不再生，道教追求不再死。那么怎么才能不死呢？老子这里就告诉我们，一个人越关注“我”，越凸显“我”，“我”就越容易消亡。“无我”就是天道，“无我”才能永生。

第八章 上善若水

上善若水。水善利万物而不争，处众人之所恶，故几于道。居善地，心善渊，与善仁，言善信，政善治，事善能，动善时。夫唯不争，故无尤。

上善若水。水善利万物而不争，处众人之所恶，故几于道。居善地，心善渊，与善仁，言善信，政善治，事善能，动善时。夫唯不争，故无尤。

本章要世人向水学习，做到顺道行事，不对抗，不争要，这样才能达到没有烦恼的境地。

上善若水。水善利万物而不争，处众人之所恶，故几于道。

得道的人就像是水。水总是利益万物而不求索取，并且处于人们不屑一顾的低洼之地，这些品质都是与“道”性相合的。

有一句话叫“木秀于林，风必摧之”。我们每一个人都希望显赫自己，让自己变成一个重要的人，殊不知，这是自取灭亡之路，是离道弥远的举动。

居善地，心善渊，与善仁，言善信，政善治，事善能，动善时。

什么叫居善地呢？是不是找个好的地方去居住呢？不是的。地，无所谓善与不善，关键是人，善人居于何处，何处便为善地。山不在高，有仙则名。水不在深，有龙则灵。山为什么有名？水为什么有灵？不是因为那山、那水，而是因为那仙、那龙。

人一善，必定公，一公则必定心胸宽广渊博。那么贡献于世的也必定是没有偏私的慈爱。这便是“心善渊，与善仁”的深意。

言善信，是指出言必实。也就是佛教十善业中说的不绮语——不说无意义的话；不两舌——不说不利于和睦的话；不恶口——不说攻击人伤害人的话；不妄语——不说与事实不符的话。

政善治，事善能，动善时，是指得道之人为政必治，百姓瞻仰；行事合于中节，合于大道；举动总能把握时机。

夫唯不争，故无尤。

只有不争夺，不占有，才没有烦恼。

唯不争，故无尤。用佛教的义理解释就是看破放下，不执取，不贪求，也就可以离苦得乐。

这个世界上谁最富有？不是位居高官者，不是家财万贯者，而是一无所有者。“有”总是有限的，而“无”是无限的。你有一处房，房子再大，总有定数；我无房，但天就是房，地就是床，你说孰大孰小？孰有孰无？

再说，所有的“有”无不是“争”来的，有“争”就有“尤”之苦，有“得”就有“失”之患。

所以老子认为，得道的圣人，会使自己处于卑下的地位，与世无争。并且用水作比喻，水总是保持一种谦卑的态度，滋润万物而不与万物相争。因此，老子倡导人们要向水学习，处下而不争，方能保全自己，逍遥自在。

第九章 功遂身退

持而盈之，不如其已；揣而锐之，不可长保。金玉满堂，莫之能守；富贵而骄，自遗其咎。功遂身退，天之道也。

持而盈之，不如其已；揣而锐之，不可长保。金玉满堂，莫之能守；富贵而骄，自遗其咎。功遂身退，天之道也。

本章讲做人要知道退让，凡事不可太满盈，不可太锐利，不可太富贵，不可太骄横，不可太居功。这些都是天道，违背了就会出现各种危险。

持而盈之，不如其已；

这里的“持”的意思就是用手拿着。贪得无厌的人都是手里面已经有很多东西了，还想拿着其他的东西，拿得多的时候，很容易把东西弄到地上，就像猴子掰玉米，掰到最后，还是两手空空。“不如其已”，这里面的“已”是止，就是说不如适可而止，总体意思就是不要贪得无厌，要适可而止。

揣而锐之，不可长保。

这里面有几个解释，第一个解释是实物的，比如说一把刀再锋利无比，也不可能永远保持。第二个是做人的，就是说做人要善于藏锋，锋芒毕露，必定不可持久，早晚要受到伤害。

金玉满堂，莫之能守；

金玉满堂，没有谁能够守得住。为什么守不住呢？因为世人变得越来越贪财，甚至是为财伤命也在所不惜。所以，圣人总是在告诫世人，金银财宝是祸不是福。

据说有一次，释迦牟尼外出弘法的路上看见一块金子，他不是欣喜，而是立刻说：毒蛇！

此时，随行的阿难见了那块金子也说：毒蛇！

还有一个随行的小和尚感到很奇怪，拿起金子端详了一会儿，但很快想起了师父的教诲，也放下了那块金子，同样说了一句：毒蛇！

后面跟着走来一对父子，他们笑话佛陀的无知：怎么明明是金子，却说成是毒蛇呢？于是就把金子带回了家。

由于，那对父子是个穷苦人家，他们在花销那块金子的时候被告了官。官差拿到那对父子的时候，问他们金子是从哪里来的？那对父子说是捡来的。官差不信，就判了他们死罪。

在执行死刑的时候，那对父子很懊悔，口中念念有词道：佛陀真是圣人，他说的一点不错，金子就是毒蛇啊！

判官听他们说出了佛陀的名字，又问其缘由，才相信他们所说是实，差一点就因为金子而害掉了两条性命。

财富不是坏东西，但一方面来路要正；另一方面有财富后要恰当使用，适时布施，想当个守财奴，不仅守不住，而且祸患无穷。

富贵而骄，自遗其咎。

富有本来就很危险，如果富有了还骄傲、自大、骄横跋扈，就更是自己引祸上身了。

功遂身退，天之道也。

功成名就了，就要懂得退让。比如说一个记者，他有能力，有成就，有名望，如果他觉得自己了不起，要把所有重要的版面都必须自己霸占着，这样就叫做“功遂”而不知“身退”。他这样做的结果就是，剥夺了其他人发展的可能与机会，也就必然引来周围人的攻击，将自己送上危险的境地。

身退不只是指职位上的身退，更多的是指自身利益上的退让，心性欲求上的退让。一个人如果永远不知道停步，永远地追求向上，必定会步入危险，带来祸患。这里，老子告诉我们，适可而止是非常重要的，是符合天道的。

历史上能够做到“功遂身退，天之道也”的成功例子很多，范蠡就是其中最典型的代表。他辅佐越王勾践“卧薪尝胆”，打败吴国称雄诸侯的故事可谓家喻户晓。但他功成名就以后，不要功名，推辞权势，乘一叶扁舟飘然离去。相传范蠡带着西施游山玩水，逍遥自在，后又从容经商，成为一代商圣。

老子阐述“物极必反”的哲学思想，不仅仅是告诫贪官污吏，贪得无厌最终要恶报缠身；同样也告诫立下奇功的功臣，不能功高震主，要激流勇退，否则后果同样不堪设想。

老子像

第十章 专气致柔

载营魄抱一，能无离乎？专气致柔，能如婴儿乎？涤除玄鉴，能无疵乎？爱民治国，能无为乎？天门开阖，能为雌乎？明白四达，能无知乎？生之畜之，生而不有，为而不恃，长而不宰，是谓玄德。

载营魄抱一，能无离乎？专气致柔，能如婴儿乎？涤除玄鉴，能无疵乎？爱民治国，能无为乎？天门开阖，能为雌乎？明白四达，能无知乎？生之畜之，生而不有，为而不恃，长而不宰，是谓玄德。

本章讲坚守大道，不可有丝毫分心，专一如初，不可懈怠。一切人间的争强好胜，都是与大道相背的。

载营魄抱一，能无离乎？

载，就是装载。营魄，就是魂魄，指身心。一，指大道，抱一，是指统而为一。

我们的身体，按照佛教的说法，是由五蕴构成，即色、受、想、行、识，简单地说就是色心二法的和合。

这里老子说，人的身体就是一辆车子，它装载着魂魄二物，但由于没有得道，魂魄总是分离的。比如说，你想多干点事情，身体却感到疲劳，你想到银河系去看看，身体却重得飞不起来。得道了就可以做到营魄抱一，不再分离，心到了，身体就到了。心想到太阳上暖和暖和，转眼之间，你就把太阳当成了一个暖水袋。这是得道的人才可以做到的。

专气致柔，能如婴儿乎？涤除玄鉴，能无疵乎？爱民治国，能无为乎？天门开阖，能为雌乎？明白四达，能无知乎？

前面讲了营魄抱一，就是身心合一，心到身到的功夫。这似乎有点悬。接下来老子就讲了几种境界。一是精气合一，宁静柔顺，犹如婴儿。二是涤除所有染污，心中没有杂念，没有任何瑕疵。三是守护自己的心，治理自己的身体能做到无为而无不为。

爱民治国，你可以理解为是针对统治阶级的，也可以理解为针对你自己。理解为统治阶级那就是在谈治世，理解为自己那就是在谈修身了。

四是五官开合，不受外界牵引，能阴柔宁静。五是通达明白，能无所不知。

无知不是不知，而是只知形而上，不问形而下。世间的所谓“知”，其实都是不确定的己见，都是是非的源头，按照佛教的说法，那些都是无明，是离本求末的颠倒妄想。

生之畜之，生而不有，为而不恃，长而不宰，是谓玄德。

上面谈了得道人的境界，现在要谈的是得道人的行为表现。一是畜养万物，没有偏私；二是有能力创造而不把任何东西据为己有；三是有功劳而从不依仗；四是雄长万方而不主宰。这就是得道，这就是得道人的境界。

前面我们谈到“一无所有”是大富有。其实整个修行的过程就是“放下”的过程。我们都很清楚，背着个包袱行走，当然是没有两手空空行走起来便捷，而事实上“放下”又是非常困难的。

“放下”不仅非常困难，而且是件非常痛苦的事情，但真正把人间的名、利、权、色通通放下，却是求道者终生的追求。

第十一章 以空为用

三十辐共一毂，当其无，有车之用。埏埴以为器，当其无，有器之用。凿户牖以为室，当其无，有室之用。故有之以为利，无之以为用。

三十辐共一毂，当其无，有车之用。埏埴以为器，当其无，有器之用。凿户牖以为室，当其无，有室之用。故有之以为利，无之以为用。

本章不仅在谈“有”与“无”的关系，更在谈“有”与“无”的功用。世人看到的是实实在在的那个“有”的价值，但老子告诉我们，“无”才是根本，才是最宝贵的。

三十辐共一毂，当其无，有车之用。

三十根辐条汇集在一个毂上，只有外实中空的时候，才会有车的用处，才可以装人载物。如果一辆车子，是个实心的家伙，那它还有什么用呢？我们真正使用的是车子空的部分。

埏埴以为器，当其无，有器之用。

把黏土做成器皿，只有外实中空，才可以作为器皿使用。器皿是用来装东西的，而装东西的恰恰是空的地方。器皿没有了空间，也就没有了功用。

凿户牖以为室，当其无，有室之用。

开凿门窗以为房屋，只有外实中空，才可以作为房屋使用。墙体本身没有用，真正有用的是墙体圈起来的空旷的位置。

故有之以为利，无之以为用。

所以，借助的是“有”，真正使用的是“无”。

世人有一个认识上的颠倒：重视“实有”而忽视“空无”。老子列举了车子、器皿、房子来说明对我们有用的偏偏是那个“空无”。试想一辆车子，一个器皿，一处房子如果中间没有空处，那么那些东西还有用吗？

每个人活在世上，都希望使自己成为一个有用的人，比如让自己更富有，更有才华，更有权势，但老子告诉我们，无用之用方为大用。

庄子是老子思想的发扬者和继承者，他多次告诫世人，要想保全自己，不是靠“有用”，而是靠“无用”。他曾经讲过一个故事，说有一个木匠往齐国去，到了曲辕这个地方，看见有一棵栎树，当地人把它当做社神加以崇拜。

这棵树有多大呢？可以供几千头牛在下面乘凉。有多粗呢？一百个人张开手臂才能把它围住。有多高呢？比大山还高，高过山顶几十米才长出树枝，而且能够做大船的树枝就有十几枝。所以专门前往观赏的人就像赶集一样，前呼后拥，好不热闹。然而那个木匠遇到后却视而不见，照样走自己的路，连脚步都没有停一下。

木匠的徒弟就不一样，他见到那棵树连师父都忘了，直到看够了才小步并着大步去追师父，奇怪地对师父说：我自从拿起斧子跟随师父学艺起，从来没有见到过这样硕大美观的树木，师父见了看都不看一眼，脚步也不停一下，这是为什么呢？

那个木匠说：闭嘴，不要再说了。那是个没用的东西。用它做船吧，它缺乏浮力，会沉的；用它做棺材吧，又很容易腐烂；用它做器具吧，又会快速地毁坏；用它做门户吧，又会流出浆液；用它做柱子吧，又很容易生虫。这是没有任何用途的木材，也正因为它没有用，才活到现在。

木匠就那棵巨型大树对徒弟发了一番感慨，回到客栈睡觉时，栎树托梦对木匠说：你认为我没用，你是拿什么与我比较得出的结论？你难道想拿那些世人所说的有用的木材跟我作比较吗？

神树把木匠骂了一通，然后又说，你看那些山楂树、梨树、橘子树、柚子树以及各类瓜果之类的树木，果子一成熟就要受到剥刮之苦；大枝被折断，小枝被扯下。你知道它们为什么那样苦吗？就是因为它们太能干了，太有用了，所以它们不能活到老就中途惨死。是谁让它们这么早就死掉了呢？不是别的，就是它们自己。万物都是这样，你想体现你的有用，你就要付出生命的代价。

神树继续对木匠说，我祈求一无所用已经很久了，中途我好几次差点都要面临死亡，现在好不容易让自己一无用途，其实这才是对我最有用的地方。假如我还有一点点用途，我还能长这么大吗？

神树说：况且你与我都是万物之一，你凭什么对我评头论足呢？你不是认为自己有用吗？以我看，你都快成为一个死人了，你又怎么知道我的深意！

木匠一觉醒来，觉得自己的梦很奇怪，就请人诊断这个梦的寓意。他的徒弟在一旁说：不对劲啊，它既然寻求无用，又为什么要让自己成为神树？还要让那么多人礼拜呢？木匠说：小声点，你不要再说了。它托梦与我，是因为它觉得我才是它的知己，对于不了解它的人，它只会接受跪拜，才懒得理他呢。你想想看，如果它不把自己变成神树，而自己又没有用，那不早被剪伐了吗？它保全自己的方法是与众不同的，你从俗人的角度去理解它，不是相差很远吗？

世人都在拚命地追求“有用”，而在这里庄子却把“无用”说成了保全自己的法宝，与老子的思想有异曲同工之妙，这实在是值得我们深思的。

老子出关图　立轴（黄慎）

第十二章 五色令人目盲

五色令人目盲，五音令人耳聋，五味令人口爽，驰骋田猎令人心发狂，难得之货令人行妨。是以圣人为腹不为目，故去彼取此。

五色令人目盲，五音令人耳聋，五味令人口爽，驰骋田猎令人心发狂，难得之货令人行妨。是以圣人为腹不为目，故去彼取此。

本章讲世间有各种扰乱人心的东西，不排除这些干扰，随波逐流，是不可能得道的。

五色令人目盲，

五颜六色的花花世界只会把我们变成瞎子。

为什么这么说呢？因为人们看到的各种表象都是假象，而这些假象挡住了自己的视线，使我们不能见“道”，不能明心见性，这又与瞎子何异？

五音令人耳聋，

纷繁的声音会把我们变成聋子。

世人都觉得我们有一对好耳朵，要多听一些信息，多听几种声音，其实我们听到的都是些什么呢？大多是无意义的杂音而已。现在的不少人，可能是内心的空虚所致，一刻都不想让自己静下来，白天听老板的训斥，同事的唠叨，客户的埋怨，晚上还闲不住，一有点时间就把耳机插进耳朵，似乎那个耳朵有一分钟的清静就不好受。试想，一个人整天都在被各种声音困扰着，那么他什么时间思考呢？有了那么多的干扰，又怎么能听到天籁之音？

五味令人口爽，

丰美的味道，反而会让人味觉迟钝。这一点，年龄越大的人就越有体会。过去的年代生活很简单，大多是稀饭咸菜，咸菜稀饭，偶尔吃个炒青菜就感到很香，很好吃；现在一桌子大餐，竟然吃不出当年炒青菜的美味了。几十年前，无论谁家炖肉，虽然只放点生姜大蒜而已，但周围好远都能闻到；现在做饭，尤其是饭店里炒菜，能放十几种甚至几十种调料，但吃起来无滋无味，味若嚼蜡。

食欲也是欲望，只要是欲望，就不可能有满足的时候，而且，得到的越多，欲望就越大；欲望越大，失望就越多。

驰骋田猎令人心发狂，

古代人讲究打猎，特别是有钱有势的人，经常到山里找动物去打，其实质就是追求刺激，追求新奇。结果是追兔子，心就随着兔子转，追豺狼，心就随着豺狼跑，内心动荡，不得安宁。

前段时间，北京在搞车展，上海在搞世博会，人们趋之若鹜，为什么会是这样？就是猎奇心理，就是要让自己的心永远狂奔，直至死亡。修行人追求的是心如止水的境界，老子说，你整天在找刺激，心何时能止？心不止又如何见道呢？

难得之货令人行妨。

难得之货就是奇珍异宝，这是世人孜孜以求的好东西，但正是这些东西会让一个人行伤德坏。现在监狱里关着的那些人，绝大部分都是为了“难得之货”才进去的，世人所说的行为不端者，也一定是“难得之货”的追逐者。

有钱未必是福。从历史上看，邓通钱如丘山，但最后饥饿而死；石崇富甲天下，结果却死于非命。取财无道，天理不饶；积钱太多，必有烦恼。《红楼梦》说得好：“世人都晓神仙好，唯有金银忘不了。终朝只恨聚无多，及到多时眼闭了。”

是以圣人为腹不为目，故去彼取此。

所以，得道的人对待自己，只求温饱生存，不求纵情声色。抛弃色、音、味、田猎、珍宝，而求静中而生，养真我清气，护灵根，守神明，以和天地。

此章节，老子教我们触物不着，触物不争，触物不贪，一心内听，收神，收身，收心，收意。

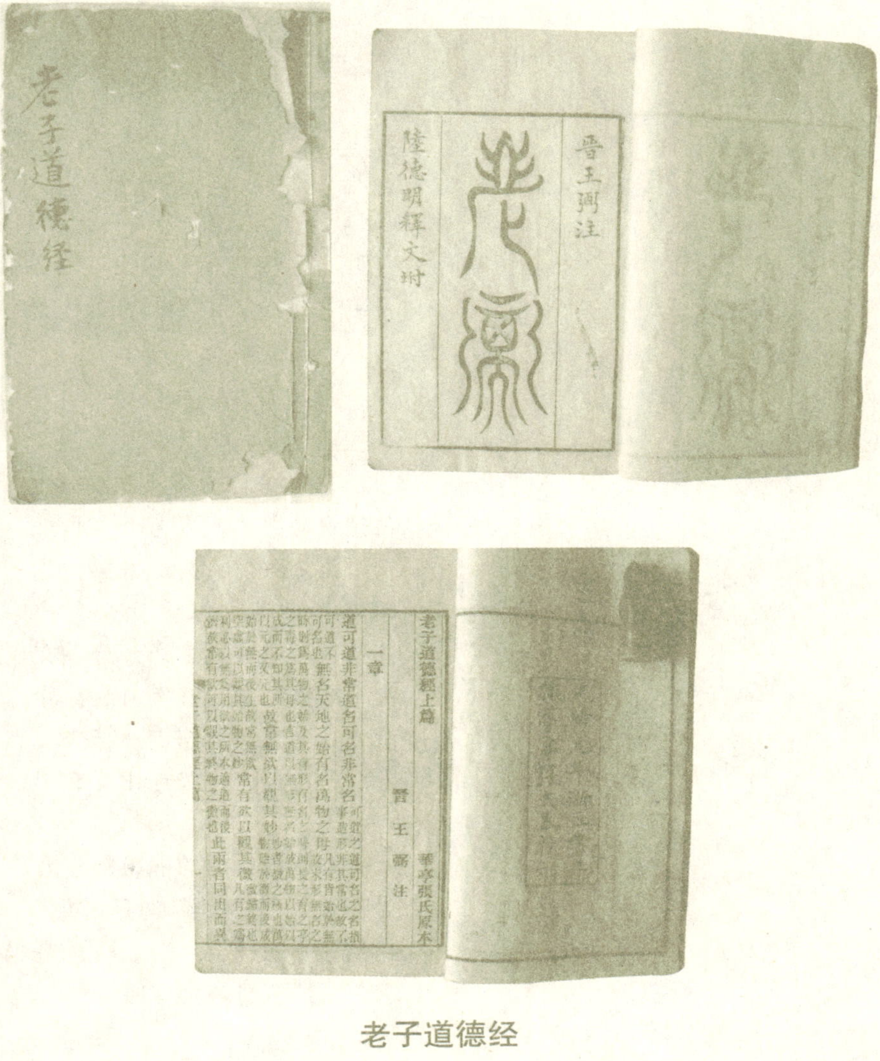

老子道德经

第十三章 宠辱若惊

宠辱若惊，贵大患若身。何谓宠辱若惊？宠为上，辱为下；得之若惊，失之若惊，是谓宠辱若惊。何谓贵大患若身？吾所以有大患者，为吾有身；及吾无身，吾有何患？故贵以身为天下，若可寄天下；

宠辱若惊，贵大患若身。何谓宠辱若惊？宠为上，辱为下；得之若惊，失之若惊，是谓宠辱若惊。何谓贵大患若身？吾所以有大患者，为吾有身；及吾无身，吾有何患？故贵以身为天下，若可寄天下；爱以身为天下，若可托天下。

本章讲人类的祸患都是因为有个“我”，不放弃“我”的观念，不放弃“我”的追求，麻烦缠身就会在所难免。

宠辱若惊，贵大患若身。

得宠则喜，受辱则怒，内心总是处于不安之中，为什么会这样呢？是因为有了“我”，“我”的观念和“我”的贪求。道家认为，喜怒哀乐都是无益于身的，喜怒哀乐的产生就是因为没有放下一个“我”，这是烦恼依附的处所。世人喜怒无常，祸患缠身，皆因“我”而起，无我，祸患便无处藏身，就可以永得安乐。

何谓宠辱若惊？宠为上，辱为下；得之若惊，失之若惊，是谓宠辱若惊。

什么叫宠辱若惊呢？世人心中都有一个“我”，得宠了对于“我”就是好的，受辱了对于“我”就是不好的。于是，得到了心不安，失去了心也不安。这种状态就是宠辱若惊。

何谓贵大患若身？吾所以有大患者，为吾有身；及吾无身，吾有何患？

什么叫“贵大患若身”呢？我们之所以有祸患，是因为还有一个“我”，等到了“无我”了，我还有祸患吗？

道教认为，我们的身体是个臭皮囊，那是个假我，修行就是要借助那个假我，以修真我。结果人们把假我当成了真我，这是祸患缠身的原因。

上一章老子就说过，人们喜欢追求色、音、味、田猎、珍宝，这是大颠倒，那些东西都只是在满足假我，而偏偏遮挡了真我。

故贵以身为天下，若可寄天下；爱以身为天下，若可托天下。

所以，重视、爱惜真我的人就可以管理天下了，这是外说。

内说是指，修假成真，离俗得道，就能安住世间，没有不安，没有祸患，永获清静。

佛教讲，万象是法，法法为空，但无人懂，无人知，活在梦幻泡影中，殊不知名誉、钱财、权贵都是虚幻，刹那来刹那去，常不可得，必归于灭，不识其理便是无明，识得其中妙味，便得涅槃解脱。

本章老子告知我们，肉体之“我”是发现“真我”的障碍，只关注那个肉体之“我”，就会被“如露亦如电”的外境所牵引，就会被祸患缠身，动弹不得。懂得这些，才能得失如一，见自性，见道性，见空性，得自在。

第十四章 视之不见

视之不见，名曰『夷』；听之不闻，名曰『希』；搏之不得，名曰『微』。此三者不可致诘，故混而为一。其上不皦，其下不昧，绳绳兮不可名，复归于无物。是谓无状之状，无物之象，是谓『惚恍』。

视之不见，名曰“夷”；听之不闻，名曰“希”；搏之不得，名曰“微”。此三者不可致诘，故混而为一。其上不皦，其下不昧，绳绳兮不可名，复归于无物。是谓无状之状，无物之象，是谓“惚恍”。迎之不见其首，随之不见其后。执古之道，以御今之有。能知古始，是谓道纪。

本章描述何谓“道”。大道无形无味，难以言说，于是从看、听、摸等方面做了一番形容，给人一点思考的痕迹。

☯ 视之不见，名曰“夷”；听之不闻，名曰“希”；搏之不得，名曰“微”。此三者不可致诘，故混而为一。

“道”生化万物，它既无事相，也无名相，若称它为“道”，已是勉强了，称它为“夷”，称它为“希”，称它为“微”，都可以。因为道是看不见的，道是静无声息的，道还是细微不可触摸的。这三个方面是不能细分的，因为它们又融而为一，就是一个东西，不是两个，更不是三个。

☯ 其上不皦，其下不昧。绳绳兮不可名，复归于无物。是谓无状之状，无物之象，是谓“惚恍”。

道是没有上下之分的，如果说有，那么只能说它的上面不明亮，它的下面不阴暗，浑浑沌沌，无法形容，最后还是归于没有实体。这就是没有形状的形状，没有实体的形象，就叫它“惚恍”吧。

☯ 迎之不见其首，随之不见其后。执古之道，以御今之有。能知古始，是谓道纪。

既然是惚恍，那就是浑沌不清、胶着难分的。迎上去不能见它的头，跟上去不能见它的背。你掌握了这自古就有的大道，你就可以驾驭当今的万物了。能够体认这元始之初的空灵状态，这就是修行的关键。

道本无状无相，看不见，听不到，摸不着，只能意会，不能言传，但世人偏偏要在色、声、实体上去求，结果只能是煞费心事、一无所获了。也许偶有一人，不看、不闻、不为、不思、不求，心中杂念全无，自身无比清静，大道偏偏不请自来，这恐怕就是“踏破铁鞋无觅处，得来全不费工夫”的妙处了。

第十五章 微妙玄通

古之善为道者，微妙玄通，深不可识。夫唯不可识，故强为之容：豫兮，若冬涉川；犹兮，若畏四邻；俨兮，其若客；涣兮，其若凌释；敦兮，其若朴；旷兮，其若谷；混兮，其若浊；澹兮，其若海；飂兮，若无止。

古之善为道者，微妙玄通，深不可识。夫唯不可识，故强为之容：豫兮，若冬涉川；犹兮，若畏四邻；俨兮，其若客；涣兮，其若凌释；敦兮，其若朴；旷兮，其若谷；混兮，其若浊；澹兮，其若海；飂兮，若无止。孰能浊以静之徐清？孰能安以动之徐生？保此道者，不欲盈。夫唯不盈，故能蔽而新成。

本章描述得道者的表现。道家有个观点，人类的智慧不是随着社会的发展在增长，而是在减退。所以，老子，以至于后来的庄子，在谈得道之人时，总是要加上一个“古之”，是指当代的人离道越来越远了，而古人得道的就很多。

古之善为道者，微妙玄通，深不可识。

那么，古代得道的人是个什么样呢？老子说，微妙玄通，深不可识。微，是说道的幽深，不可识；妙，是说道的精粹，不可识；玄，是说道的无穷，不可识；通，是说道的广博，不可识。

得道之人，形神俱妙，与道相合，因道不可识，故得道之人也不可识。

夫唯不可识，故强为之容：

老子是得道的圣人，他要西行归隐，于是要把自己体认大道的情况说给世人，但大道无形，无法言说，怎么办呢？老子说，我只能勉强形容一下了。

豫兮，若冬涉川；

豫，是指犹豫，指行为上处处小心，就像冬天里在冰川上行走。

这与佛教提倡的重戒律有异曲同工之妙。佛陀要涅槃的时候，他的学生阿难就觉得师父要走，以后没有师父了怎么办呢？佛陀就告诉他：以戒为师。就是说，你要成佛，你要得道，必须"豫兮若冬涉川"，戒是第一步，也是最重要的一步。你说，我想自由，我想妄为，那你就得不了"道"，只好永远烦恼，永远痛苦。

得大自在之前，一定是先要大不自在才行。

犹兮，若畏四邻；

犹，是指担心、警惕。四邻，是指外境。修行人总是时时警觉，生怕有外魔来犯。贪心、嗔心、痴心、慢心、疑心都是外魔，都是修行中的障碍，必须严加防范。只有一切外魔不再来犯，方能澄净本来，成就道业。

俨兮，其若客；

俨，是指恭敬。任何时候，任何地点，都像是宴席中有贵客在前，不敢放肆。修行不是到师父面前才开始，也不是到了庙堂、道观才开始，那是表演，是装样子。真正的修行即便是独自一人，也要"俨兮，其若客"。始终精进如一，从不懈怠。

涣兮，其若凌释；

得道人不是像拳击手那样，表现出强硬有力；而是身心松软，犹如融化了的冰雪。修行就是要修到身心如水，包容天地，这样才能达到不被万物所伤的得道境地。

敦兮，其若朴；

淳厚自然，就像没有经过雕刻的原木。

有大德说，修行是不祥之物。人本淳朴，何须修行？谈修行，说明离道已远了。

修行其实就是还原，还原我本来面目，还原我淳朴心境。

旷兮，其若谷；

空旷宽广，就像深谷。

前面老子说过：谷神不死，是谓玄牝。这里再次提到一个“谷”字，说明修道，不是路越走越窄，而是越走越宽，直至无边无际。做到“旷兮，其若谷”，就可以大容天、小容物、远见道、近见我了。

混兮，其若浊；

与道相合，表现为内清静而外混浊。

世人彰显自己，道人隐藏自己。外示浑沌，有遮掩凡俗耳目之妙用，这其中味道，如人饮水，冷暖自知。

有了一点点进步，就到处炫耀；那么，你追求的清静也会变成混浊，是背道而驰的。

澹兮，其若海；

澹，是指宁静。为什么说宁静如大海呢？因为大海不增不减，不生不灭，外表看上去不宁静，其实是最宁静的。

飂兮，若无止。

飂，是指流畅。流畅到什么程度呢？就像没有止境。用来说明得道者的飘逸与自在。

孰能浊以静之徐清？孰能安以动之徐生？保此道者，不欲盈。夫唯不盈，故能蔽而新成。

谁能将浊水静止、慢慢澄清？谁能用安定去降服动荡，慢慢地滋生道性？老子说，关键是不欲盈，就是顺道而为，不求满盈，因为满则溢，溢则本性不保。

谁能做到“豫兮，其若冬涉川；犹兮，其若畏四邻；俨兮，其若客；涣兮，其若凌释；敦兮，其若朴；旷兮，其若谷；混兮，其若浊；澹兮，其若海；飂兮，若无止”，小心谨慎，守中不盈，那他就可以脱胎换骨，为自己革新换面，修得本来面目了。

不欲盈，是修道的重要原则。不欲盈就是离两边而守中道，不偏不倚，绝不说过头的话，绝不做过头的事。

人生有五欲，即财、色、名、食、睡。这五欲都是人之常情，但过分贪求哪一样都是祸害。随遇而安，自自然然，法随法行，才能成就真我，与道常存。

第十六章 致虚极，守静笃

致虚极，守静笃。万物并作，吾以观复。夫物芸芸，各归其根。归根曰『静』，静曰『复命』。复命曰『常』，知常曰『明』。不知『常』，妄作凶。知『常』容，容乃公，公乃全，全乃天，天乃道，道乃久，没身不殆。

致虚极，守静笃。万物并作，吾以观复。夫物芸芸，各归其根。归根曰“静”，静曰“复命”。复命曰“常”，知常曰“明”。不知“常”，妄作凶。知“常”容，容乃公，公乃全，全乃天，天乃道，道乃久，没身不殆。

本章是在谈道的本质，也是在谈道家修行的最高境界。大道虚是其常，有是其变；静是其常，动是其变。有、动最终必仍归于不有、不动。所以，守定常道，万物虽纷纷扰扰，只需以虚含有，以静待动，并且不见其有，不见其动，只见万古不变的常道，就不会随着事物的变化而变化，使自己处于永远安乐的境地。

致虚极，守静笃。

道的本质和修道的最高境界是什么呢？是达到“虚”的极致和虔诚地守住一个“静”字。

古人说，东方有圣人，西方有圣人，此心同，此理同。就是说，东西方都有圣人，他们在不同的地方寻找真理，都找到了，真理就是一个，有两个就不是真理了。这里老子说，致虚极，守静笃。而同时代的西方印度圣人释迦牟尼也宣称：涅槃寂静，万法必归于空，必归于灭。道家提出一个“虚”字，佛家提出一个“空”字，虽然表达不同，但都道出了宇宙必归于“无”的特性。于是也就出现了后来的道教的“守静悟虚”和佛教的“入定参空”的根本修行方法。

虚，是在谈万物的本质；静，是在谈万物的状态。

万物并作，吾以观复。夫物芸芸，各归其根。

老子说，我是怎么知道道的“虚”的本性呢？这是从“有”中去体证得来的。纷纷万物，哪个最后不归于“虚”？“虚”乃万物之根。这句话要是释迦牟尼来表达就是：以有而明空，从“有”中可以发现万法之空性。所以，佛教讲究二谛说法，二谛就是指世俗谛和第一义谛，世俗谛就是对万法的知见，在世俗谛的基础上，并超越了世俗谛而识得万法的空性就是第一义谛。

凡人看到的是万物的实有性，圣人看到的是万物的虚无性。凡人因看到实有而执著，圣人因看到虚无而解脱。

归根曰“静”，静曰“复命”。复命曰“常”，知常曰“明”。

静，是得道的状态，回归大道，必处于静中。静，是根本，是生命的本质，回归了这个根本就是“常”。常，是“虚”，常，是“静”，知道这个道理就是“明”。

明，就是智慧，就是通达，就是见法，就是得道。

佛教称不懂万法实相的人叫“无明”。“无明”就是老子“明”的反说。

不知“常”，妄作凶。

不知道不失不灭的虚、静，就会大胆妄为，逞凶害己。

知“常”容，容乃公，公乃全，全乃天，天乃道，道乃久，没身不殆。

悟到了虚空，就可以无所不容，无所不容就没有了自私，做到大公无私，大公无私就可以周全，周全就符合了天理，天理是符合大道的，符合大道才能够长久，永远没有危险。

我们这个世界什么是“常”呢？什么是不失不灭呢？金银财宝是“常”吗？名权色受是“常”吗？高楼大厦是“常”吗？高山河川是“常”吗？太阳地球是“常”吗？都不是。圣人告诉我们，只有虚空才是“常”。懂得了这个道理，就不会被万法的虚幻表象所迷惑，不再攀缘，不再执取，就可以借假修真，回归道体了。

太上老君像

第十七章 功成事遂

太上，不知有之；其次，亲之誉之；其次，畏之；其次，侮之。信不足焉，有不信焉。悠兮其贵言。功成事遂，百姓皆谓：“我自然。”

本章讲每个人的根器不同，他们所表现的对“大道”的认识和态度也是千差万别的。同时告诫世人，闻道、信道、顺道而行是得道的路径。

太上，不知有之；其次，亲之誉之；
其次，畏之；其次，侮之。
信不足焉，有不信焉。悠兮其贵言。
功成事遂，百姓皆谓：『我自然。』

太上，不知有之；

太上，就是至高无上，这里不是在谈道，而是在谈修道的境界。修道到了最高的境界，连道为何物都不知。这就是《般若波罗蜜多心经》上所说的："菩提萨埵，依般若波罗蜜多故，心无挂碍"。心中还有一个"道"字，那说明你还有挂碍，那就不是最高的境界了。

其次，亲之誉之；

比"太上"的境界差一点的，就是对道的亲近和赞誉。一个人清楚亲近和赞誉大道，这也是很了不起的福报，顺道修行，便可以成道有日了。

修道之前是识道，就是认识到道的宝贵。很可惜，凡夫识道都难，又何谈什么修道呢？所以老子说，上士闻道，勤而行之；中士闻道，若存若亡；下士闻道，大笑之。不笑，不足以为道。这里"上士闻道，勤而行之"就是属于"亲之、誉之"的境界，跟虔诚礼佛，精进学法的佛教徒有点相似。

其次，畏之；

再差一点的境界就是对"大道"的畏惧。这类人很可怜的，他们听闻道后，觉得太玄了，觉得是迷信，生怕接近就把自己搞成精神病了，于是赶快逃跑，心有惧怕。

其次，侮之。

最差劲的要算是对道的侮辱者。这种人不仅可怜，而且可悲。我们经常听到有些人谤佛、谤法，就属于这一类。

信不足焉，有不信焉。悠兮其贵言。功成事遂，百姓皆谓："我自然。"

信，就是信心、认可、赞同，这是一个人得道的前提。

老子说，我前面讲过的这几个境界你信吗？如果你真的信了，那你就会追求"太上"的那个境界，你就会"贵言"，也就是不言、少言。因为太上的境界是连"道"为何物都不知的，哪里还用言语呢？这样下去的结果就是：功成事遂，就是得道了。用佛教的说法就是涅槃了。

百姓，就是俗称的"我"，"我"是精、气、神的和合，功成事遂之后，对待任何外境，"我"没有了侮辱，也没有了畏惧、亲近、赞誉，甚至没有了任何观念，一切自自然然，没有对抗，没有敬仰，也不会觉得自己得道了。一个人如果宣称自己已经得道，那他肯定还没有得道，因为他心中还有一个"道"字在。

第十八章 大道废，有仁义

大道废，有仁义；智慧出，有大伪；六亲不和，有孝慈；国家昏乱，有忠臣。

大道废，有仁义；智慧出，有大伪；六亲不和，有孝慈；国家昏乱，有忠臣。

这一章，老子就世人提倡的仁义、智慧、孝慈、忠臣等，提出了警告，让我们不要被这些看似美好的东西所迷惑，这些看似美好的东西的出现不是喜剧，而是悲剧，是离道弥远、国昏人迷的大悲剧。

大道废，有仁义；

大道被偏废，在人们心中消失了，才出现了仁义。

几千年来，世间都在宣扬仁义，但老子告诉我们，之所以倡导仁义，是因为人们背道而驰，或者说丢失了大道。

佛教有一部经叫《十善业道经》，即从行为上远离杀生、偷盗、邪淫；从语言上远离妄语（说谎）、两舌（挑唆）、恶口（语言粗俗）、绮语（花言巧语）；从思想上远离贪欲、瞋恚、愚痴。离此十种恶业，就是修行十种善业，能断除一切痛苦，获取极大利益，这个方法就是修行十善业道。释迦牟尼为什么提倡十善呢？就是因为人们不觉本性，处于迷中，如果人人觉悟，识得万法空性，又何必再谈什么十善呢？犹如得道之人，拥有天地般之博爱，以众生为亲眷，又何必谈什么仁义呢？

智慧出，有大伪；

智慧显现了，伪诈随之产生。

这一句是本章理解的难点。智慧是个好东西，是人人追求的思想境界，老子为什么说，智慧出现了会带来虚伪狡诈呢？

这里的“智慧”是指巧智，是指小聪明。在圣人看来，这些东西是滋生烦恼的起心动念，应该抛弃。佛教就将这种智慧称为“有漏智”。老子说，这种智慧越多，随之而来的狡诈就越多，人类的灾难就越多。

我们知道，发明创造都是人类智慧的象征，它可以带来物质的进步。但这种智慧的后面隐藏的往往是欺诈、剽窃和对环境的巨大破坏。所以庄子说“人之君子，天之小人”就是这个意思。

六亲不和，有孝慈；

六亲，就是指父、子、兄、弟、夫、妻，泛指家庭关系。正因为六亲之间不和谐，甚至敌对，才出现了对孝慈的提倡和赞美。从这个角度说，人类推出孝慈的概念，这是大道沦丧的结果。

如果人人坚守大道，别说对亲人，就是对不认识的人也都应该是相爱的，哪里还有亲人之间的不和呢？而事实上是连亲人之间都很难保持着和睦，以至于如果家庭和睦的话，都要被世人敬仰，用孝慈的美名去赞颂，这难道不是一种悲哀吗？

国家昏乱，有忠臣。

我们的历史总是赞美忠臣的。但老子说，国家昏乱了，才会有忠臣。一个国家如果是太平盛世，没有分裂，没有战争，哪里还会有忠臣呢？

我们提倡什么，往往是因为我们缺少什么。如果说我们提倡仁义、智慧、孝慈、忠臣是一种悲哀的话，那么，我们丢掉大道就是一种大悲哀了。

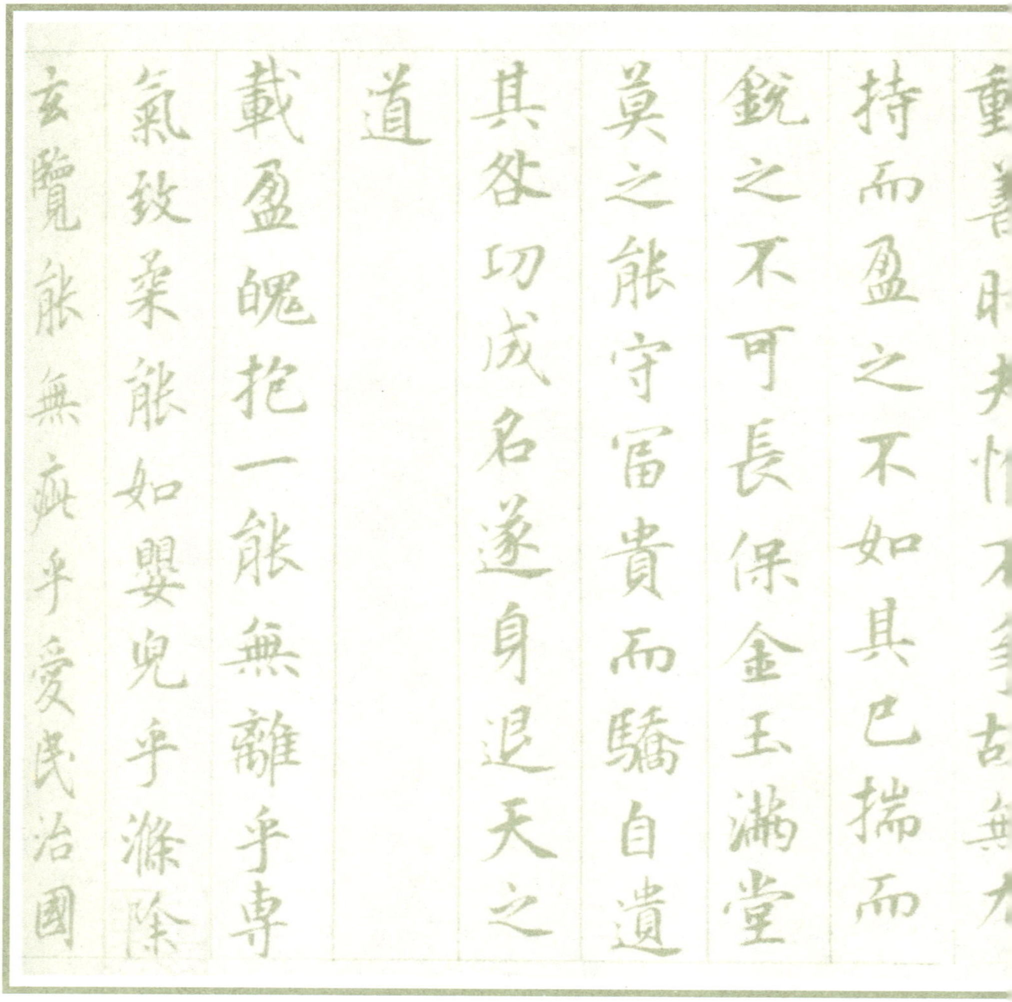

第十八章

大道废，有仁义

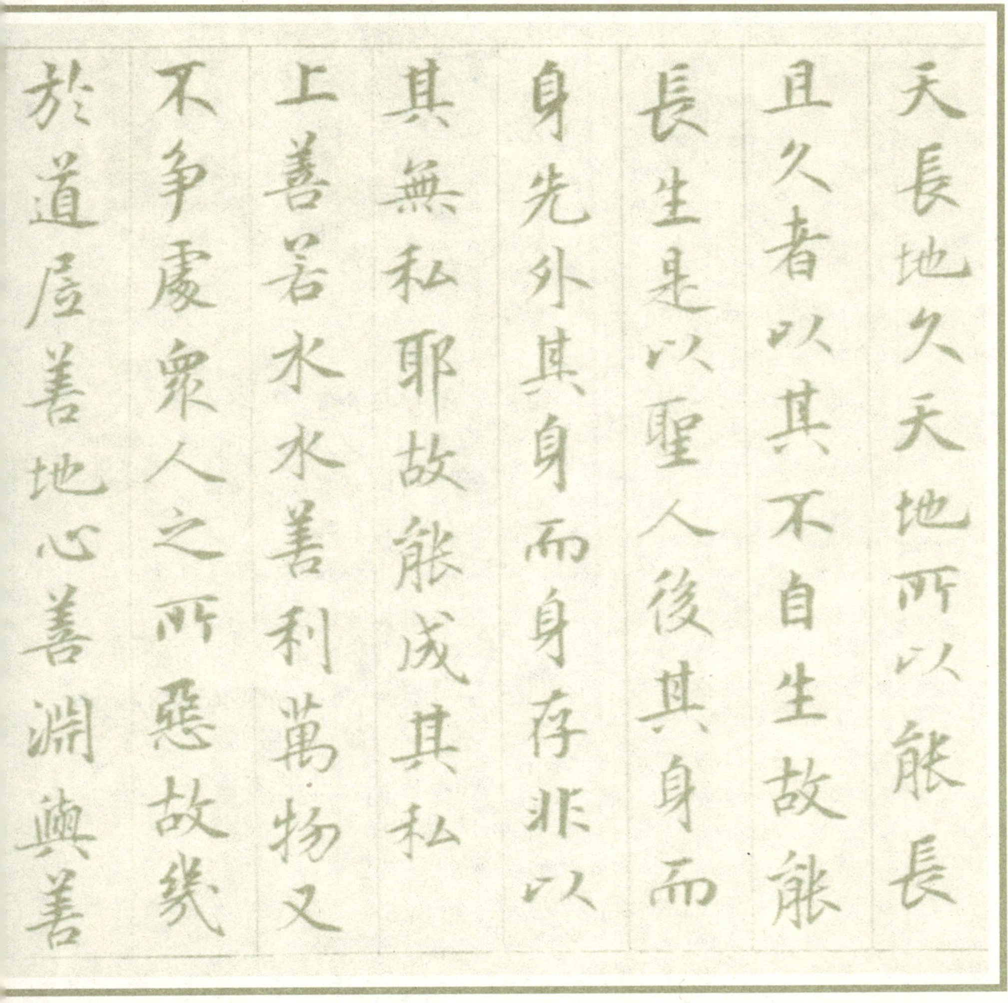
天長地久天地所以能長
且久者以其不自生故能
長生是以聖人後其身而
身先外其身而身存非以
其無私耶故能成其私
上善若水水善利萬物又
不爭處衆人之所惡故幾
於道居善地心善淵與善

鲜于枢楷书《老子道德经卷上》

第十九章 绝圣弃智

绝圣弃智，民利百倍；绝仁弃义，民复孝慈；绝巧弃利，盗贼无有。此三者，以为文，不足。故令有所属：见素抱朴，少私寡欲，绝学无忧。

绝圣弃智，民利百倍；绝仁弃义，民复孝慈；绝巧弃利，盗贼无有。此三者，以为文，不足。故令有所属：见素抱朴，少私寡欲，绝学无忧。

本章告诫世人，只有抛弃一切小聪明、假仁义和功利心，回归质朴，做到少欲，才能使人类过上祥和无忧的好日子。

绝圣弃智，民利百倍；

圣，是指世人所说的才能、作为。智，是指谋划、算计。民，是指“我”。如果一个人不逞能，不显示智谋，那么，也就能够过上平静的生活，获得大利益。

修行人放下杂念，抛弃彰显，听任自然，就会诸气化淳，还我本来自性，受益无穷。

绝仁弃义，民复孝慈；

仁，是一种对他人的爱，这种爱有远近之分，与恨相对立。

慈，也是指爱，但这种爱没有远近，没有分别，不求回报，没有意识，是不知觉的，是守道者无偏私的大爱。

上一章老子就说过，世间提倡仁义，是因为远离了大道。这里老子进一步强调，要绝断仁义，只有抛弃了狭隘自私的小爱，才会回到不知爱、不求爱、不懂爱的无所不爱的大道境界。

绝巧弃利，盗贼无有。

巧，是指好；利，是指宝贵；盗贼，是指贪念。

如果抛弃巧利，贪念就不会出现。反过来说，如果追逐巧利，贪念就会滋生。有人盗官，有人盗财，有人盗文章，有人盗虚名，这些都是因为贪念在捣鬼。

放弃巧利，贪念不生，方能清静本我，得道成就。

此三者，以为文，不足。故令有所属：见素抱朴，少私寡欲，绝学无忧。

老子提出了三个方面的放下，即圣智、仁义、巧利。这些都是修行中的障碍。

放下圣智、仁义、巧利这三个方面，你只说说是不够的，必须下真工夫去做。做到了，你就可以达到这样的境界：见到自性，很少再有自我和贪欲，远离世俗谛而没有烦恼。

圣智，用佛教的义理来讲就是指“我见”；仁义就是指情染；巧利就是指贪求。一个人如果能够做到破除我见，不被情染，没有了贪求，这其实就是成佛得道的境界了。

第二十章 我独闷闷

唯之与阿，相去几何？善之与恶，相去若何？人之所畏，不可不畏。荒兮，其未央哉！众人熙熙，如享太牢，如春登台；我独泊兮，其未兆。

唯之与阿，相去几何？善之与恶，相去若何？人之所畏，不可不畏。荒兮，其未央哉！众人熙熙，如享太牢，如春登台；我独泊兮，其未兆。沌沌兮，如婴儿之未孩；傫傫兮，若无所归。众人皆有余，而我独若遗，我愚人之心也哉！俗人昭昭，我独昏昏；俗人察察，我独闷闷。澹兮，其若海；飂兮，若无止。众人皆有以，而我独顽且鄙。我独异于人，而贵食母。

本章讲世人都很忙碌、很明白的样子，而守道之人反过来却似乎无所事事、愚痴无知；但守道者以道为贵，不图其他，孰是孰非，全凭个人参悟了。

唯之与阿，相去几何？善之与恶，相去若何？

只与道相合，其他的都不管，时间过去了多久？什么善啊，恶啊，这些都是人为的观念，通通不管，不去分别，不去关注。

时间也是个人为的观念。爱因斯坦的相对论就证明了这一点。我们也都有这样的体验，比如你等待的时候就会觉得时间过得特别慢，你处于享乐中就觉得时间过得很快。中国佛教禅宗始祖达摩在少林寺面壁静修了9年，一般人觉得这时间很久了，而在达摩看来不过一瞬而已。

空间也是个人为的观念。比如你住惯了100平方米的房子，让你再住60平方米的房子就会觉得很狭小，但让一个住惯了20平方米房子的人住进去，同样的空间，就会觉得很宽敞。

有一个心理学的故事说，有这么一家人，六口人共住一个不大的住所，主人常常很烦躁。

有段时间，他实在受不了了，就去找心理专家咨询，说自己快疯了，再也无法忍受在那样拥挤的环境里生活了。心理专家问他，你愿意接受我的任何建议吗？那个主人说愿意。心理专家说，很好。那你回去就把自家养的那两头猪和一头驴牵到屋里，与全家人同住。一周后再来找我吧。

那人惊呆了，说，这样我会死的。现在我已经受不了了。心理专家说，你不会死的，去做吧，一周后再来见我。

一周后，那个人带着满身的臭气和十分沮丧的痛苦表情去见心理专家。心理专家问他有何感受？他说，我真的要死了，我一分钟也不想活了。心理专家说，别急，你的问题就要解决了。现在你回去把那两头猪和一头驴从屋里牵出去，然后再把家里收拾干净就可以了。

那人听了心理专家的话，赶紧跑回家，牵出了家里的猪和驴，把房间彻底地打扫了一遍，立即感觉到家里很宽大，也很清新。

其实世间的一切无不是我们观念的产物，老子告诉我们，善、恶，美、丑，好、坏，本来都没有，它们都是我们妄想的结果。而去除妄想、回归道体就是修行人要去做的事情。

人之所畏，不可不畏。荒兮，其未央哉！

如果不认识道，不亲近道，那就很容易出现人云亦云、随波逐流。别人喜欢的你也喜欢，别人恐惧的你也恐惧。这样就会无边无际，没有个尽头。

众人熙熙，如享太牢，如春登台；

所以，世人忙忙碌碌，好像很享受，好像很风光。殊不知，追来逐去，都是如幻如露，过眼云烟，虚空一场。

我独泊兮，其未兆。沌沌兮，如婴儿之未孩；儽儽兮，若无所归。

老子说，我知道呈现在我们眼前的名利权贵，都是些假象，都是虚幻，所以，我独自保持淡泊，一无所有，连念头也不生，浑沌得就像是婴儿不知道自己是婴儿一样。我拖着身体在世上走，但要到哪里去？完全不知道，已经“忘我”了，也“无我”了。

达到了“无我”的境界，还会有什么再成为我们的累赘呢？

众人皆有余，而我独若遗。我愚人之心也哉！

世人都在追求拥有，而我独独追求放下。

我无执，所以我无失，我是不是很傻啊？

俗人昭昭，我独昏昏；俗人察察，我独闷闷。澹兮，其若海；飂兮，若无止。

老子说，世人似乎都很明白，对万物的分别都很清楚，道理都懂，我就像个傻子，恍惚犹如大海，守一个“静”字，似乎永远不会停止。

众人皆有以，而我独顽且鄙。我独异于人，而贵食母。

世人都希望占有那些“实实在在”的东西，而我偏偏要以“无”为“有”，漫无边际地畅游以求“无用”。我不同于人，但合于天，只仰依那造养天地的大道。

本章运用对比的手法描绘了得道之人和世俗之人的对立、差异，反映出了得道人淡泊宁静、与世无争、无为自在、悠闲旷达的崇高境界。

尹喜迎老子　明（商喜）

第二十一章 孔德之容

孔德之容，惟道是从。道之为物，惟恍惟惚。惚兮恍兮，其中有象；恍兮惚兮，其中有物。窈兮冥兮，其中有精；其精甚真，其中有信。自今及古，其名不去，以阅众甫。

孔德之容，惟道是从。道之为物，惟恍惟惚。惚兮恍兮，其中有象；恍兮惚兮，其中有物。窈兮冥兮，其中有精；其精甚真，其中有信。自今及古，其名不去，以阅众甫。吾何以知众甫之状哉？以此。

本章是对道的境界的描述，说明大道孕育万物，并存在于万物之中，自古至今无不如此。大道恍恍惚惚，但的确又是诚实可信的。悟道者便是大德。

孔德之容，惟道是从。

大德之人，都是顺道而行。能够顺道而行，就是大德，就是圣人。圣人不依他人而行，也不依社会而行。所以，圣人往往是反社会的，因为社会是符合大众的，而圣人是符合大道的。

那么，大道又是什么呢？老子在《道德经》的一开始就说过，道可道，非常道。也就是说，道，如果可以用语言表达的话，那就不是恒定不变的真道。所以，老子后来多次提到也描述过道，都只是勉强为之，供根器不同的人去参悟罢了。

从现象上说，道，就是一切一切的自然而然，伪装、执著、妄想、自我表现、贪求等，都是不属于自然而然的。

像水一样流畅、柔软，像天空一样博大、包容，像大地一样平实、静默，这些才是自然而然，你做到了，你就得道了。

从本质上说，道，就是虚空，因为一切一切的自然而然的最开始和最后归宿不是别的，就是虚空。宇宙万物无不来自虚空，无不回归于虚空。你体悟到了虚空，你就超然了，你就可以把宇宙当做溜溜球去玩，至于地球，在你眼里就是一粒灰尘，而世人追求的名望、钱财等则更是视之为云烟而已了。

道之为物，惟恍惟惚。惚兮恍兮，其中有象；恍兮惚兮，其中有物。窈兮冥兮，其中有精；其精甚真，其中有信。

道，本来是无法言说的，但在函谷关遇到伊喜这个学生非要向老子问道，老子也只好说上一二。前面老子说过，你顺应道，你就是大德。估计伊喜又问了道是个什么东西之类的问题。老子就说了，道它不是个什么东西，你硬要说它是个什么东西的话，我告诉你，道，它是恍恍惚惚，惚惚恍恍，看不清，看不透，但其中有万象，有万物，有精要，最值得信赖。也许这时，老子还给了伊喜一棒，说，去虚中参实、实中参虚吧。

自今及古，其名不去，以阅众甫。吾何以知众甫之状哉？以此。

伊喜被老子一顿恍恍惚惚的教导搞得一头雾水，还是不肯离去，老子就又说，从古到今，道从来没有离开过这个世界，你对纷繁万象进行观察就可以得知。我是怎么了知万物的呢？靠道而已。

现代有一个体方法师，他提出了“如实观照”的修行法门，遵循不迎、不拒、不取、不舍、不下结论、不下判断的六个原则，用来观照自己身心的每一个当下。只要在真正的观照中，那个五蕴的功能才是真正的大妙用，离开了意识的分别作用，超越了意识的牵引，一切却是那样的了了分明。这就是对老子“吾何以知众甫之状哉”的最好注释。

体认大道是每个修行人的梦想，但怎么体认呢？其实体认大道不离万象，“如实观照”不失为一种好方法。

孔子问礼于老子　明　孔子世家图

第二十二章 曲则全

曲则全，枉则直，洼则盈，敝则新，少则得，多则惑。是以圣人抱一为天下式。不自见，故明；不自是，故彰；不自伐，故有功；不自矜，故长。夫唯不争，故天下莫能与之争。

曲则全，枉则直，洼则盈，敝则新，少则得，多则惑。是以圣人抱一为天下式。不自见，故明；不自是，故彰；不自伐，故有功；不自矜，故长。夫唯不争，故天下莫能与之争。古之所谓"曲则全"者，岂虚言哉？诚全而归之。

这一章，老子教人要纯一不杂，去骄去贪，生怕世人常存好胜之心，自显功劳，而妄加采取，有害清静之道。

曲则全，

是指柔软方能保全。什么能做到曲呢？那就是柔软了。练武的人都知道，最容易受伤的人，往往是那些身体僵硬的人，真正的高手你是很难击打到他的，即便是你击打到他，也会像击打到了棉花团一样。南宋的张三丰，就是根据道家的相关理论研究出了一种拳法：太极拳，以柔克刚，攻无不克，战无不胜。据说，张三丰曾经有过一人独斗一百多个强盗并将所有强盗制伏的精彩经历。可见，保全自己不能靠刚强，而要修炼一种柔软的功夫，当修行到了不抢不争，遇人则软，遇事则软，软似棉，柔似水，那恐怕就是万物不能伤、天地任我游的胜景了。

枉则直，

枉，是指弯曲。有时候，只有经过弯曲的过程，然后才能直行。比如，你要通过比自己身高低的地方，就需要弯腰通行，不然你把自己的脑袋撞烂了还是过不去。大家都知道，两点之间直线最短，但如果开车从北京到上海，你只走直线的话，一定达不到目的地，你如果执意要这么干，那肯定是车毁人亡的结局。

该直则直，该弯则弯，顺其自然，这就是修行，这就是依道而行。

洼则盈，

洼，就是低下，有低下方能装载东西。

敝则新，

敝，就是旧，旧的不去，新的就不会来。敝，还可以理解为死亡，死亡就意味着再生。既然生死都是自然，我们又何必为生而喜、为死而悲呢。

少则得，多则惑。

少了你就得到了，多了你反过来困惑，什么也得不到。当我们有一块钟表时，就很容易了解时间，但当我们面前有好几块钟表，而时间指示又不一样时，我们就会困惑，反过来不能把握时间了。

其实，对于人真正需要的东西是很少的，不过是三顿饭，一张床而已。过多的追求和占有，只会平添烦恼，遮障本性，别无他益了。

是以圣人抱一为天下式。

所以，得道的人只坚守大道，并作为行走天下的范式。

不自见，故明；不自是，故彰；不自伐，故有功；不自矜，故长。

不凸显自己的知见，才是真明白；不自以为是，才是真彰扬；不自我夸耀，才是真有功；不自吹自傲，才能长治久安。

这一段，老子告诉世人不要争取。争，就会有对立。争，就会破坏和谐。自然界中的万物都可以被人利用，但谁也带不走一毫一厘。争，有三个方面的表现：一是害了自己；二是害了别人；三是害了自然。

有时候，可以看到许多的蚂蚁在搬运东西，也可能它们在争吃、争地、争资源。听说，蚂蚁还有自己的军队，我们会觉得很可笑，其实，如果站在更高的视角看人类，人与蚁又有什么不同呢。

夫唯不争，故天下莫能与之争。古之所谓“曲则全”者，岂虚言哉？诚全而归之。

所以，老子告诫世人，不要争“有”，而要处于“无”。你不争，也就没有什么可以与你相争了。古人所说的柔顺不持，方能成就完美，难道是假话吗？事实上，有不少得道之人的确达到了通天立地、逍遥自在的完美境界。

一切的一切本性是空，犹如飘荡的云，又如流动的风，刹那来，刹那去，没有恒常，又何必去争？拿起来就是烦恼，放下来就是自在。

老子像

第二十三章 希言自然

希言自然。故飘风不终朝，骤雨不终日。孰为此者？天地。天地尚不能久，而况人乎？故从事于道者，同于道；德者，同于德；失者，同于失。同于道者，道亦乐得之；同于德者，德亦乐得之；同于失者，失亦乐得之。

希言自然。故飘风不终朝，骤雨不终日。孰为此者？天地。天地尚不能久，而况人乎？故从事于道者，同于道；德者，同于德；失者，同于失。同于道者，道亦乐得之；同于德者，德亦乐得之；同于失者，失亦乐得之。信不足焉，有不信焉。

本章言说人之所为，顺乎自然最为关键，不可强为。

希言自然。

希言，不是不言，而是言而不辩，言而不争，听任因缘化导。观音菩萨现种种身而说法，见什么人说什么话，却对治众生凡心。自然总是流顺的，没有抗争，不对立，不自恃。

故飘风不终朝，骤雨不终日。孰为此者？天地。天地尚不能久，而况人乎？

希言自然，贵在心中无私无妄，淡泊无物。天心不静，故有飓风骤雨，但飓风不过一早晨，骤雨不过一整天，天地不静，造出飓风骤雨的作为尚不能持久，何况是渺小之人呢？

由此，可见人心不静，祸患无穷。

故从事于道者，同于道；德者，同于德；失者，同于失。

所以，你行道，你就与道相合；你积德，你就与德协同；你离道离德，你就会一无所获。

自己的一切都是自己创造的，佛家讲因果报应就是这个道理。

同于道者，道亦乐得之；同于德者，德亦乐得之；同于失者，失亦乐得之。

与道相合的人，道也喜欢跟随你；与德协同的人，德也喜欢亲近你；离道离德的人，灾难就会光顾你。

世人都知道，道好德贵，虔诚者专心修行。其实，修行不修行都是一句空话。透彻了自然真谛，当下便心无牵挂了，还说什么修与不修呢？试看释迦牟尼佛的表现，出家访道，苦行六年证果，夜睹明星，叹曰："奇哉！奇哉！大地众生，皆有如来智慧德相，只因妄想执著，不能证得。若离妄想，则清净智、自然智、无师智自然现前。"以后说法四十九年，而又曰："未说着一字。"自后历代祖师，一脉相承，皆认定"心佛众生，三无差别"，"直指人心，见性成佛"。

横说竖说，或棒或喝，都是断除学者的妄想分别，要他直下"识自本心，见自本性"，不假一点方便葛藤。

修道亲德，只在一个“顺”字，身顺，心顺，一念不生，本性自然现前了。

信不足焉，有不信焉。

圣智圣见，说破容易，看破很难。所以，诚信者尚有不足，尚不圆满，何况那些连诚信之心都没有的人呢？

许多人常说，道理我懂，但修行很难。其实，所谓“我懂”，还是不懂。我们说，贪嗔痴慢都是毒素，大家齐声认同，似乎都懂了，到底是真懂，还是假懂？当然是假懂，因为，你还在追逐，你还被那些东西困扰。放不下，就是不懂。不信，给你一杯毒酒，你会再喝吗？你不会，这才叫真懂。真懂了，就会拒绝了。

老子一句“希言自然”，说出了得道的重要法门。

道德天尊太上老君

第二十四章 企者不立

企者不立，跨者不行。自见者，不明；自是者，不彰；自伐者，无功；自矜者，不长。其在道也，曰：余食赘形，物或恶之。故有道者不处。

企者不立，跨者不行。自见者，不明；自是者，不彰；自伐者，无功；自矜者，不长。其在道也，曰：余食赘形，物或恶之。故有道者不处。

此章讲，画蛇添足，实在是多此一举。从虚运用，方为得道者之所为。

企者不立，

企者，是指斜身不正，所以不能立足。斜身则不能立，意邪则心不能静。如何得静？正其心，澄其意，毫无染着，方能得静。

跨者不行。

跨者，指单腿而立，单腿前行必不能久。意指闻道而不修行，犹如独脚而立，必定无功而返。用来警示后人，修道就像走路，斜身单腿都是勉强之举，只有一步步地渐修，方得成就。

自见者，不明；

自己抱着自己的知见不放，当然不能通透内学，不能明白宇宙真谛。似愚似痴，终日默默，就可以不求明而自明。

自是者，不彰；

自以为是，自立偏见，妄参瞎想，大道则不能被彰显。虚虚静静，不求彰显，功到自然成。

自伐者，无功；

人如绿山，绿山久伐必秃，人久伐必亡，哪里还会有功？细细想来，可以说现在是人人自伐，终日目视耳听，口言鼻嗅，身劳神伤，气耗精枯，每日烧煎，久之必与秃山命运相同。

假如做好事是积功德，是种植；那么，做坏事就是减功德，就是自伐。多种植，少自伐，必定有功。

自矜者，不长。

矜，就是夸耀。人一旦生出自夸之心，必定停止不前了。

修行也是如此，稍有长进，便生贡高我慢，见一道光芒就说见道了，看见个影子也说是见道了。殊不知，原地踏步，不能向前，皆因慢心所致。

记得有个农场养了一只雄伟壮观的公鸡，每天它都会准时报晓，为了感谢公鸡的辛劳，主人每天清晨总要撒一把黄豆犒赏公鸡。

有一天，主人又撒下一大把黄豆，公鸡居然撇着嘴不吃了。主人觉得很奇怪，问它为什么不吃。

公鸡抬着头高傲地说："你不能老是让我吃这些便宜货。天是我叫亮的，没有我，你耕种就会迟到，就会延误最好的时机，就会没有收获。如果你没有收获，你就只有饿死。换句话说，我是你的救命恩人，你应该把最好的东西给我吃。"

主人没有争辩，当天夜里他就用一段麻线将公鸡那尖尖的嘴巴牢牢地扎住了。

第二天清晨，主人照例起床，拿起农具要下田，路过鸡舍门口时，他对公鸡说："真奇怪，今天你没有报晓，天怎么还是亮了呢？"

公鸡羞得面红耳赤，不敢做声。看来真是慢心害死人啊。

其在道也，曰：余食赘形。物或恶之。故有道者不处。

企者、跨者、自见者、自是者、自伐者、自矜者，从大道的角度看，都是多余的。就像吃饱了还要多吃，好好的身体长出一块赘肉一样。这些东西不只是人要厌弃，万物都厌弃，所以，得道的人总是远离的。

佛教讲究戒、定、慧三学。释迦牟尼涅槃之前对他的学生阿难说，我死后，你们要以戒为师。看来，戒是尤为重要的。这一章老子宣说了几条戒律，即不企、不跨、不自见、不自是、不自伐、不自矜，我们要是相信圣人，就须老老实实地去做。修行不是玩文字游戏，修行的入门就是守戒。你实实在在地做了，你就会实实在在地受益。

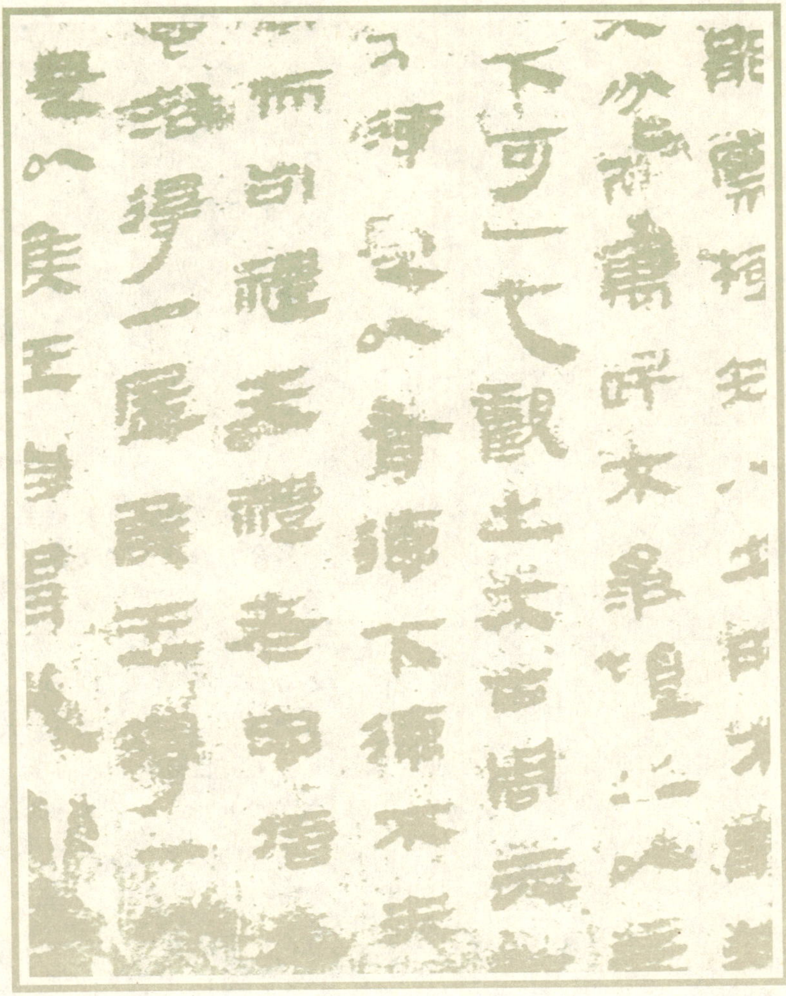

帛书老子道德经　汉

第二十五章 道法自然

有物混成，先天地生。寂兮寥兮，独立而不改，周行而不殆，可以为天地母。吾不知其名，强字之曰“道”，强为之名曰“大”。大曰“逝”，逝曰“远”，远曰“反”。故道大，天大，地大，人亦大。域中有四大，而人居其一焉。人法地，地法天，天法道，道法自然。

本章讲道、天、地、人，及其相互之间的关系。再告世人，柔顺自然，不强求，不妄为，是符合大道的智慧之举。

有物混成，先天地生。寂兮寥兮，独立而不改，周行而不殆，
可以为天地母。吾不知其名，强字之曰『道』，强为之名曰『大』。
大曰『逝』，逝曰『远』，远曰『反』。
故道大，天大，地大，人亦大。

有物混成，先天地生。

有个东西，可以混合而化育一切，比天地还要早。

古人称清气轻而上浮，成为天；浊气重而下沉，成为地。按照道家的说法，无极生太极，太极生阴阳，阴阳生天地万物。太极时有了变化，有了运动。无极时是连运动变化都没有的，是一种完全空灵虚无，一尘不染的境地。所有修行人都想达到这个境界，你达到了就与道相合了。

寂兮寥兮，独立而不改，周行而不殆，可以为天地母。

这个东西无声无相，独自存在，没有对立，不增不减，从来没有改变过。它周而复始地运作，造化万物，没有穷尽。就是它生育了天地。

吾不知其名，强字之曰“道”，强为之名曰“大”。大曰“逝”，逝曰“远”，远曰“反”。

老子说，我不知道它的名字，只能勉强叫它为“道”，或者勉强叫它“大”也行。它大到什么程度呢？大到没有。远到什么程度呢？远到看不见。但无论多大，无论多远，其实反过来它还是一个东西，就在你的眼前，就在万物之中。

大与小，其实只有在适中的时候才能被我们所感知。过大或过小，都是不能被我们所认识的。对于一群蚂蚁来说，你用一块被单往它们上面一罩，它们一定不会认为那是一块被单，而是黑云压顶，蓝天不在。同样的道理，许多时候，我们感觉到天变黑了，变蓝了，变灰了，谁知道这是天的变化呢，还是一个巨型家伙对人类的愚弄呢？

道，无所不包，无所不容，极大无比。道，又无所不在，无时不在，极小如微。

故道大，天大，地大，人亦大。域中有四大，而人居其一焉。

所以，道很大，天地也很大，人也很大。宇宙中有四大，人就是其中之一。道大、天大、地大都好理解，但为什么人也说成是大呢？原因有三：一是人乃万物之灵；二是人身虽小，但心量却可以超乎天地之外；三是人一旦放下妄想执著，就可以立地得道，与大道齐同。

佛教也有过类似的观点，六道轮回学说中就告诉我们，人是六道中最容易成佛的。其余的因天道太快乐，阿修罗道嗔心太重，畜生道、饿鬼道、地狱道都太苦，而终不能成佛。人道，虽然有苦，但也有快乐相伴相生。人，只要愿意修行，就有得道成佛的可能。相似的理由，老子把人并入天地之列。

人法地，地法天，天法道，道法自然

那么，道、天、地、人之间到底是一种什么样的关系呢？老子说，人要效法大地——大地不语，但香的臭的统统接受，没有分别；大地要效法上天——上天无所不覆，没有拣择，无私而又博大；上天要效法大道——大道清静无为，无欲无求，而能化育一切；大道是最高的，自己决定自己，完全按自己的本质运行。大道之所以无所不能，就是因为它总是顺乎自己之自然，不强求，不妄为。

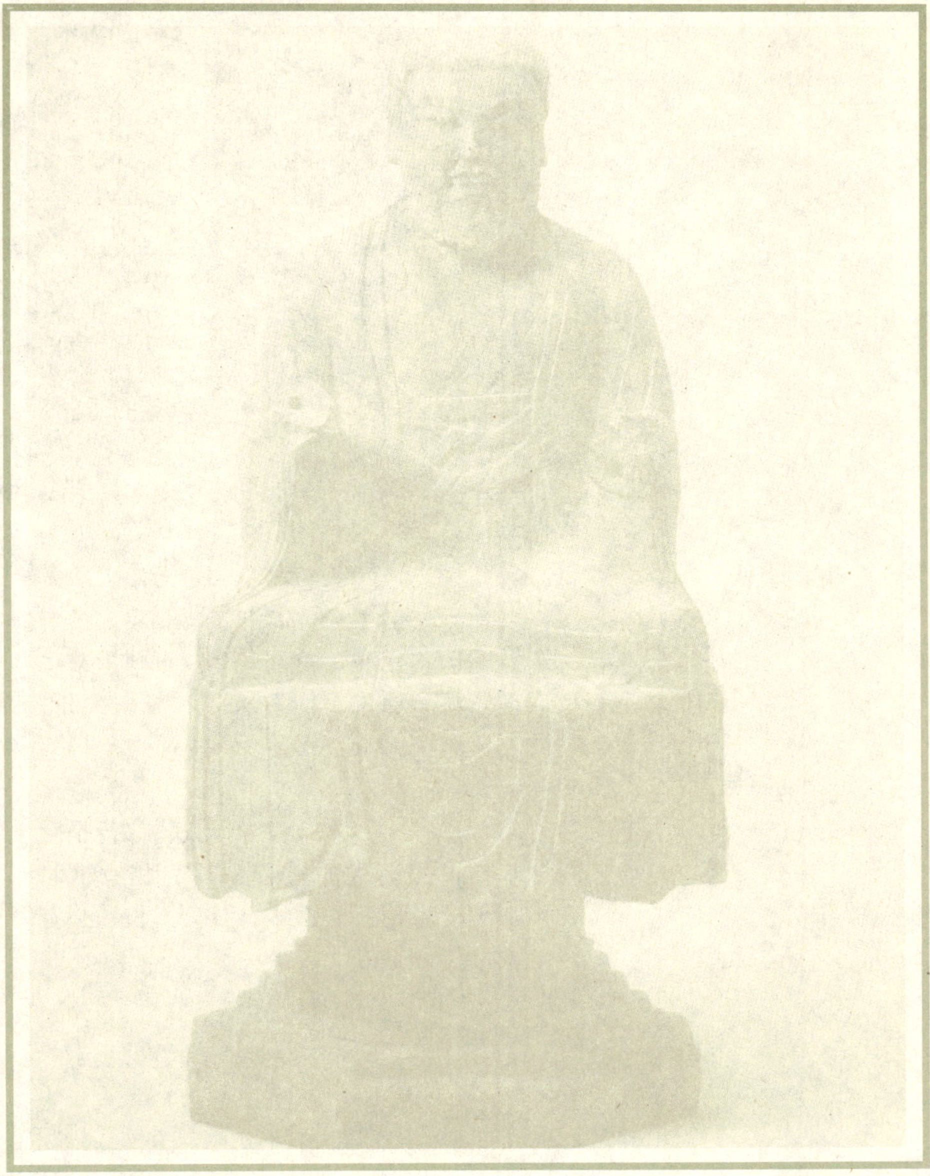

老子石造像 唐

第二十六章 静为躁君

重为轻根，静为躁君。是以君子终日行不离辎重。虽有荣观，燕处超然。奈何万乘之主而以身轻天下？轻则失根，躁则失君。

重为轻根，静为躁君。是以君子终日行不离辎重。虽有荣观，燕处超然。奈何万乘之主而以身轻天下？轻则失根，躁则失君。

本章教导世人，修行是个渐进的过程，动静相宜，时时不忘根本，日久天长，必有收获。

重为轻根，静为躁君。

大地为重，万物为轻；大海为静，百川为躁。万物轻，所以必以大地为根；百川躁，所以必以大海为归宿。

就人而言，身体不动为重，有为为轻；妄念不生为静，心动为躁。修行之人，总是追求不妄动，念头不起。这样就可以不随物转，不受束缚，获得平和与自在。

是以君子终日行不离辎重。虽有荣观，燕处超然。

所以，修道人行于世间，须臾不离大道，以大道为重。这样守道，即便是遇到名望、暴利、极权，也都不会为之动容，淡然处之，这便是“百花丛里过，片叶不沾身”的境界。

想想一代领袖邓小平，就颇为耐人寻味。他一生中三次从国家领导人的角色变成平民百姓，不知有多少像他那样的老干部被整死，但邓小平处于高官而不喜，处于百姓而不悲，不仅没有被他人所伤，还很好地保护了自己，这恐怕就是“虽有荣观，燕处超然”的做派了吧。一个人一旦有了“虽荣观而超然”的低调心态，那么同时具有“虽卑微而泰然”的乐观情怀也就不足为奇了。

奈何万乘之主而以身轻天下？

按照佛教的说法，人身是非常难得的。《杂阿含经》中就有这样的描述：在冰冷、漆黑、辽阔、一望无垠的茫茫大海之中，住了许多的水族，它们有的身躯庞大如船舰，有的娇小如丸石；它们有的寿命绵长如天地，有的短暂如昼夜。在幽暗的大海深处，住着一只乌龟，这只乌龟的寿命有无量劫。

这只乌龟虽然寿命比宇宙还要漫长，但是它的双眼却瞎了，看不见一丝的光明，在漆黑的深海里，它生活在永无止境的黑暗之中，而每经过一百年，这只盲龟才有机会浮出广袤的海面，呼吸海面上清凉的和风，嗅嗅大海咸咸的味道。

白浪滔滔的大海中，飘荡着一根长长圆圆的浮木，浮木的中间挖有如龟头一般大小的孔洞。亘古洪荒以来，浮木就随着惊涛骇浪忽东忽西，载浮载沉。瞎了眼睛的盲龟要凭借它的感觉，在茫茫的大海中，追逐方向不定的浮木。当每一百年才浮出一次水面的盲龟，它尖尖的头恰巧顶住浮木小小的洞穴时，如此千载一时、一时千载的机缘，乌龟便能重见光明，获得人身。

潮来潮去，潮去潮来，一百年一百年的岁月更替流逝，盲龟依旧沉浮于生死的洪流大海，找不到那决定它命运的浮木。不知过了多少亿万年，盲龟再度浮出水面时，头终于撞进浮木的小小洞孔，轰然一响，眼前霎时霞光万丈，盲龟终于脱离久远以来笨重的躯壳，蜕变成为了一个俊秀的童子。

因此我们今日能够拥有宝贵的人身，不仅不能任意加以戕害，并且要善加爱护运用，发挥生命的潜能，做一只已经开眼的灵龟！

假如人之所以成为人，就像那只盲龟的话，那么人成为一国之君就更是万劫不遇的奇巧，显得尤为珍贵了。所以老子说，一个人尚要守道自爱，不可妄为，一个大国的君王，怎么可以自轻自贱？这样，你糟蹋的不只是你自己，而是整个天下了。

轻则失根，躁则失君。

轻浮、有为就会失去根本；躁动、不静就会失去主宰。

现在的大部分人，看上去都是很独立的，其实没有几个能做得了自己的主，整天被无数根绳索牵着走，那些绳索包括：财、色、名、食、睡。真正做得了自己主的人就只有那些得道人，因为他们动静相宜，时时不忘根本；因为他们知道“重为轻根，静为躁君”的奥义。

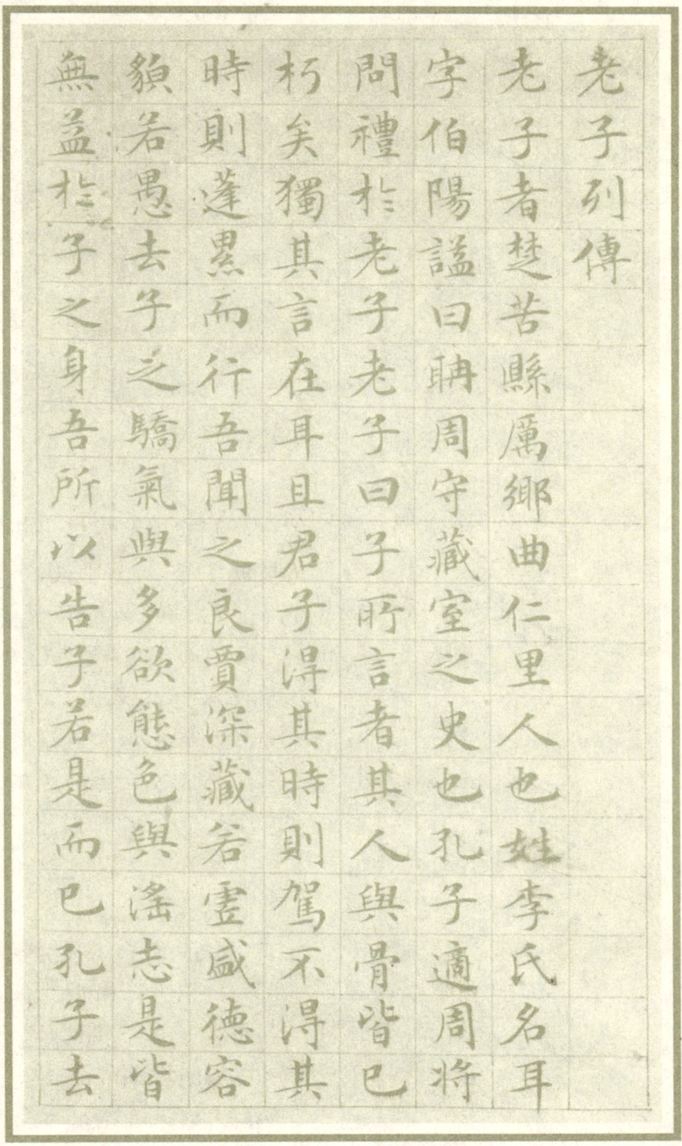

老子列傳

老子者楚苦縣厲鄉曲仁里人也姓李氏名耳

字伯陽謚曰聃周守藏室之史也孔子適周將

問禮扵老子老子曰子所言者其人與骨皆已

朽矣獨其言在耳且君子得其時則駕不得其

時則蓬累而行吾聞之良賈深藏若虛盛德容

貌若愚去子之驕氣與多欲態色與滛志是皆

無益扵子之身吾所以告子若是而已孔子去

文徵明小楷《老子列传》

第二十七章 善言无瑕谪

善行，无辙迹；善言，无瑕谪；善数，不用筹策；善闭，无关楗而不可开；善结，无绳约而不可解。是以圣人常善救人，故无弃人；常善救物，故无弃物。是谓袭明。故善人者不善人之师；不善人者善人之资。不贵其师，不爱其资，虽智大迷，是谓“要妙”。

本章老子又一次阐明“自然”、“无为”思想，他用具体贴切的比喻说明以自然为准则，不用有形的作为，而贵无形的力量。有道的圣人就善于用含而不露的智慧，去观照人与物，从而做到人尽其才、物尽其用。

善行，无辙迹；善言，无瑕谪；善数，不用筹策；善闭，无关楗而不可开；善结，无绳约而不可解。是以圣人常善救人，故无弃人；常善救物，故无弃物。是谓袭明。故善人者不善人之师；不善人者善人之资。

善行，无辙迹；善言，无瑕谪；

善行，就是不行、不为。有行、有为，必定会留下痕迹。或者，把那个“我”隐藏起来，按照自然的轨迹去行、去为。

善言，就是不言。有言论就必定有争执，有问题。谁对谁错永远无法判定。或者，放下“我见”，只说真话。就像佛教提倡的不恶口（不出言不逊）、不两舌（不拨弄是非）、不妄语（不说假话）、不绮语（不说华丽无用的话）。

善数，不用筹策；

数，是指计算、谋划。最善于计算、谋划的是不计算、不谋划。

《红楼梦》中说：机关算尽太聪明，反误了卿卿生命。算计本身就会费力伤神，为养生之大忌，所以老子说，不算计就是最好的算计。

善闭，无关楗而不可开；

善闭，就是不闭。闭，是指关闭、封锁。世人都在想方设法找到一个保险的关闭办法，但再巧妙的关闭也都会最终被破解。为什么要“闭”呢？世人希望把某些好东西占为己有，才想到“闭”。“闭”说明还没有放下，还有贪图。老子说，这个世上没有什么东西是你的，都是刹那即逝的，你无须占有，也就无须关闭，无关闭也就无所谓开。

善结，无绳约而不可解。

善结，就是不结。所有的绳结，犹如所有的人结，还如所有的事结，都是由人所结，自然也就有人可解。解的过程就是消耗生命的过程，不结又何须去解呢？

是以圣人常善救人，故无弃人；常善救物，故无弃物。是谓袭明。

人，是指身。

圣人常常修身而不弃身，珍惜生命而不糟蹋自己。

圣人还会顺应万物习性而用之，不会觉得任何东西是无用的，是讨厌的。这才是真正的“明白”。

故善人者不善人之师；不善人者善人之资。不贵其师，不爱其资，虽智大迷，是谓“要妙”。

善人，就是指得道人，也指亲近大道的人。这些人是值得远离大道的人去学习和效仿的。但得道人最初也是凡人，所以，凡人是得道人悟道的源泉，是凡尘俗事让一些人认识到亲近大道的好处。从这个角度说，凡人应以得道者为师，得道者应以凡人为自己的资粮。否则，得到的是巧智，不是真明白。这些都是很关键的。

人类几千年，总有不少人毕生全力追寻大道，我们称这些人为出家人，他们十分受人敬重，因为是他们为世人提供了出离苦痛的方法和途径。但在家人护持出家人也是功不可没的。彼此双方互依互存。出家人为在家人贡献精神食粮，在家人又为出家人贡献物质食粮。今天的出家人，昨天是在家人；今天的在家人，明天可能会是出家人。老子说，彼此尊重、爱护是我们聪明的选择。

老君铜像　唐

第二十八章 常德不离

知其雄，守其雌，为天下谿。为天下谿，常德不离，复归于婴儿。
知其白，守其黑，为天下式。为天下式，常德不忒，复归于无极。
知其荣，守其辱，为天下谷。为天下谷，常德乃足，复归于朴。
朴散则为器，圣人用之，则为官长，故大制不割。

知其雄，守其雌，为天下谿。为天下谿，常德不离，复归于婴儿。知其白，守其黑，为天下式。为天下式，常德不忒，复归于无极。知其荣，守其辱，为天下谷。为天下谷，常德乃足，复归于朴。朴散则为器，圣人用之，则为官长，故大制不割。

本章阐明求道者该如何作为？婴儿、无极、朴，都是大道的代名词。知贵处贱，知上处下，无贪无争是修行人的不二法门。

知其雄，守其雌，为天下谿。为天下谿，常德不离，复归于婴儿。

虽然知道什么是雄强，却还是能够安守雌柔姿态，甘愿像溪水一样让自己处于低下的位置。做到了像小溪一样，恒常不变的道德就不会偏离你，复归于婴儿般柔顺、随和的状态。雄，属阳，比喻刚劲、强大；雌，属阴，比喻柔软、谦下。

老子多次谈到水，因为水利益万物，从不居功，还总是把自己放到最低的位置。正是水的柔软处下，才使得水揉不烂、打不碎。水性是近似于道性的。

知其白，守其黑，为天下式。为天下式，常德不忒，复归于无极。

虽然什么事情都清楚，都明白，却不张扬，不夸耀，似乎稀里糊涂，什么都不知道，这是天下人都应该学习的榜样。这样的榜样，这样的表现，永恒的德行就不会有偏差，复归于浑沌原始的境界。

世人都想清楚所有事情的细节，但老子这里告诉我们糊涂一点才好。因为分别越多，烦恼就越多。

知其荣，守其辱，为天下谷。为天下谷，常德乃足，复归于朴。

虽然知道什么是荣华显贵，却安守于平常、谦卑的地位，甘愿做空荡荡但能够包容万物的山谷。你做到像山谷一样的空旷，永恒不变的德行才能充盈，复归于纯真朴质的大道。

世人追求显赫，而显赫给我们带来什么呢？一是贪欲的无限膨胀，二是对自然的过度索取。

其实一个人的生活本应是很平常的，越平常就越简单，越简单就越清淡，越清淡就越安乐。所以，道家修行人很喜欢畅享吸风饮露、以天为被、以地为床的简朴生活。佛教也是把出家人的生活简单到三衣一钵、树下一宿的程度。

那么，对于我们在世凡人来说，是不是显赫就有意义呢？也不是，在世凡人也一样，对于我们最有意义的，其实还是一日三餐、床板一块，仅此而已。

朴散则为器，圣人用之，则为官长，故大制不割。

大道发挥作用，就化育了万物，得道的人不随物转，而能够善用万物，成为外境的主人。所以，大智慧的人不会把事物分开来看，不会有那么多的分别心。制，指智慧。割，指分离。

做到境随心转，而不心随境转，这是得道的境界。怎么才能达到这种境界呢？老子告诉我们，“大制不割”很重要。这个世界似乎很复杂，千差万别，但这都是从相对的角度来看的，如果从绝对的角度去看，哪里还有分别？都是一个状态，都是一个东西，不是两个，更不是多个。圣人知道这个道理，所以面对纷繁世界而不执著，不分别，更不贪求，使自己处于自在愉悦的精神境地。

俗人不懂“大制不割”，故而活在相对世界里，求强势，显华贵，老子告诫我们，这些都是离道离德的妄举，都是不识万物本性的愚痴。

老子石造像　北魏

第二十九章 有执故有失

将欲取天下而为之，吾见其不得已。天下神器，不可为也，不可执也。为者败之，执者失之。是以圣人无为，故无败；无执，故无失。夫物，或行或随；或歔或吹；或强或羸；或载或隳。

将欲取天下而为之，吾见其不得已。天下神器，不可为也，不可执也。为者败之，执者失之。是以圣人无为，故无败，无执，故无失。夫物，或行或随；或歔或吹；或强或羸；或载或隳。是以圣人去甚，去奢，去泰。

老子主张无为，就是顺应自然而为，不可强为。本章强调了要去除占有心，更要去除贪心，这才是圣人之道。

将欲取天下而为之，吾见其不得已。

天下，是指人身，也可以泛指所有的自然之物。想要占有自然之物，并违背天性地去改造，是不会有任何收获的。

一棵花长在山谷中，如果你把它挪到花房中去养，也许你认为经过特殊的照顾会让那棵花更美丽，但你又怎么知道那棵花的感受呢？也许花的寿命更长了，但却更痛苦了。再说，花的美丽也是人的一种主观臆断而已，其实山谷中自然长成的花谁说不是最好的呢？人身也是一样，一切妄为，一切妄想，一切贪著，都是多余，都是危害，都是烦恼。

有一个故事说，禅院的草地上一片枯黄，小和尚看在眼里，对师父说："师父，快撒点草子吧！这草地太难看了。"

师父说："不着急，什么时候有空了，我去买一些草子。什么时候都能撒，急什么呢？随时！"

中秋的时候，师父把草子买回来，交给小和尚，对他说："去吧，把草子撒在地上。"起风了，小和尚一边撒，草子一边飘。

"不好，许多草子都被吹走了！"

师父说："没关系，吹走的多半是空的，撒下去也发不了芽。担什么心呢？随性！"

草子撒上了，许多麻雀飞来，在地上专挑饱满的草子吃。小和尚看见了，惊慌地说："不好，草子都被小鸟吃了！这下完了，明年这片地就没有小草了。"

师父说："没关系，草子多，小鸟是吃不完的，你就放心吧，明年这里一定会有小草的！"

夜里下起了大雨，小和尚一直不能入睡，他心里暗暗担心草子被冲走。第二天早上，他早早跑出了禅房，果然地上的草子都不见了。于是他马上跑进师父的禅房说："师父，昨晚一场大雨把地上的草子都冲走了，怎么办呀？"

师父不慌不忙地说："不用着急，草子被冲到哪里就在哪里发芽。随缘！"

不久，许多青翠的草苗果然破土而出，原来没有撒到的一些角落里居然也长出了许多青翠的小苗。

小和尚高兴地对师父说："师父，太好了，我种的草长出来了！"

师父点点头说："随喜！"

这位师父真是位懂得人生乐趣之人。凡事顺其自然，不必刻意强求，反倒能有一番收获。

天下神器，不可为也，不可执也。为者败之，执者失之。

自然之物都是神圣的，不可轻举妄动，也不可占为己有。轻举妄动必定会带来破坏，占有也只是一种妄想，是不可能的事，最后必定会失去。

这个世界上没有什么东西是可以占有的，因为所有的东西都是变化无常，瞬间即逝的。当年的秦始皇藏娇三千，和珅藏金万两，现在看来，哪一样还属于他们？他们自己又在哪里呢？

是以圣人无为，故无败，无执，故无失。

所以，得道的人不造作，不强为，也就没有失败，他们不把任何东西据为己有，也就无所谓患得患失。

夫物，或行或随；或歔或吹；或强或羸；或载或隳。是以圣人去甚，去奢，去泰。

正因为动静不一，贪俭不同，所以才出现了世间万物有的前行，有的跟随；有的温暖，有的寒冷；有的强大，有的柔弱；有的安稳，有的危殆。这世间百态，得道的人看得很清楚，所以，他们总是剔除了生活中的一切极端、一切奢侈和一切过分。清清淡淡，无为而不取。

与道相合，不逆行，不执取，方能心静身安，恬然自在。

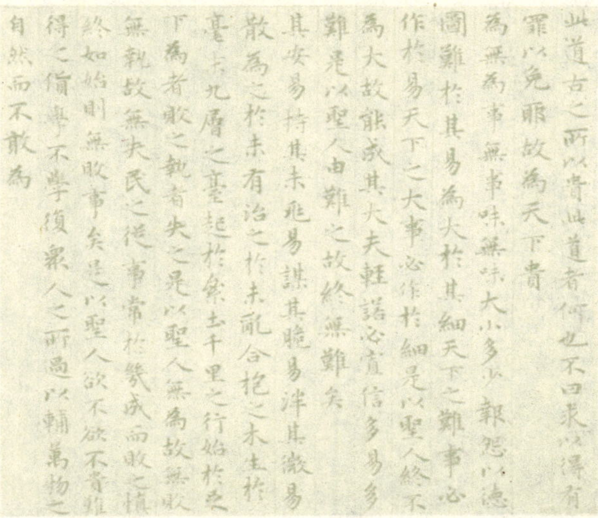

此道古之所以貴此道者何也不曰求以得有
罪以免邪故為天下貴
為無為事無事味無味大小多少報怨以德
圖難於其易為大於其細天下之難事必
作於易天下之大事必作於細是以聖人終不
為大故能成其大夫輕諾必寡信多易多
難是以聖人由難之故終無難矣
其安易持其未兆易謀其脆易泮其微易
散為之於未有治之於未亂合抱之木生於
毫末九層之臺起於累土千里之行始於足
下為者敗之執者失之是以聖人無為故無敗
無執故無失民之從事常於幾成而敗之慎
終如始則無敗事矣是以聖人欲不欲不貴難
得之貨學不學復衆人之所過以輔萬物之
自然而不敢為

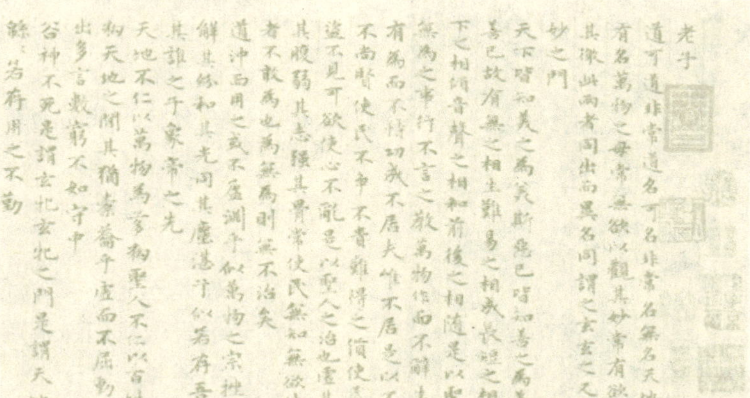

老子
道可道非常道名可名非常名無名天地之始
有名萬物之母常無欲以觀其妙常有欲以觀
其徼此兩者同出而異名同謂之玄玄之又玄衆
妙之門
天下皆知美之為美斯惡已皆知善之為善斯不
善已故有無之相生難易之相成長短之相形高
下之相傾音聲之相和前後之相隨是以聖人處
無為之事行不言之教萬物作而不辭生而不
有為而不恃功成不居夫唯不居是以不去
不尚賢使民不爭不貴難得之貨使民不為
盜不見可欲使心不亂是以聖人之治也虛其心實
其腹弱其志強其骨常使民無知無欲使夫知
者不敢為也為無為則無不治矣
道沖而用之或不盈淵乎似萬物之宗挫其銳
解其紛和其光同其塵湛乎似若存吾不知
其誰之子象帝之先
天地不仁以萬物為芻狗聖人不仁以百姓為芻
狗天地之間其猶橐籥乎虛而不屈動而愈
出多言數窮不如守中
谷神不死是謂玄牝玄牝之門是謂天地根
綿綿若存用之不勤

赵孟頫小楷《老子道德经卷》

第三十章 物壮则老

以道佐人主者，不以兵强天下。其事好还。
师之所处，荆棘生焉。大军之后，必有凶年。
善有果而已，不敢以取强。果而勿矜，果而勿伐，
果而勿骄，果而不得已，果而勿强。

以道佐人主者，不以兵强天下。其事好还。师之所处，荆棘生焉。大军之后，必有凶年。善有果而已，不敢以取强。果而勿矜，果而勿伐，果而勿骄，果而不得已，果而勿强。物壮则老，是谓不道，不道早已。

清静是至道，柔软是至道。本章老子告诫我们逆道用强只会早亡，用强并炫耀于世，更是不可救药，留下种种祸患。

以道佐人主者，不以兵强天下。

人主，是指人、人身、“我”。

用道滋养着的人，不会在天地之间表现出任何的强硬。越强硬就越容易受损，就像越锋利的刀越容易卷刃一样。

我们现在看到的高楼、大桥，如果没有适度的柔韧性，就禁不起任何的风吹草动，无法负荷，也无法存在。为人处世亦当如此，多一些随顺，多一些柔和，就少一些危险，少一些伤害。

其事好还。师之所处，荆棘生焉。

荆棘，就是指麻烦，危险。

老子说，你只要胆敢用强，马上就会有回报，你用强的地方，就是你麻烦、危险产生的地方。

佛家也强调因果报应，每个人的现在都是过去行为的结果。慧远《三报论》讲：业有三报，一是现报，即现世作善恶，现世受苦乐之报；二是生报，即前生作业今生报，今生作业来生报；三是后报，即经历百世千生得报。一切行为终有报应。

老子认为，道性致柔，刚强易损，这是应声回报，一点不虚的。

大军之后，必有凶年。

年，是指时间比较长。

一个人用强之后，必定会在很长时间里埋下危险和祸患的种子。比如两个人打架，即便是赢的一方也会内心不安，一是你打的是一个生命，你的天性会引发你的内心自责；另外，你打了对方，你会始终担忧对方会找机会报复你。你一次用强动粗的举动，就会让你长时间不得安宁。

人人都希望自己是个强者，事实上，越强大就越危险，手里拿棍子的人总是比赤手空拳的人危险；手里拿枪的人总是比拿棍子的人要危险。这在双方对抗时表现得尤为明显。

善有果而已，不敢以取强。

有时候，我们似乎不得不用强。比如有人在干坏事，我们就要用强去制止。但老子说，用强的用意首先应该是好的，其次是达到目的就行了，万不可以表现、炫示自己的强大。

中国《刑法》中有“正当防卫”的概念，是指为了保护国家、公共利益、他人或本人的合法权利免受正在进行的不法侵害采取的对不法侵害者造成一定损害的自卫行为。正当防卫不承担法律责任。但防卫过度了就要遭到惩罚。如某人持刀行劫，被劫人自卫反抗，将行劫人打翻并夺下其所持之刀，刺伤行劫人，行劫人的不法侵害已被制止，不法侵害状态和危险就结束了。如果你继续对那个行劫人用强，你的行为就不属于法律的保护范围了，也不符合老子的“善有果而已”的思想。

中国有句老话，得饶人处且饶人，就是警示我们，即便是善意用强，也是要适可而止的。

果而勿矜，果而勿伐，果而勿骄，果而不得已，果而勿强。

不得已而用强，有了结果就行了，绝不可以对用强行为和结果沾沾自喜，绝不可以矜夸、炫耀、引以为骄傲，绝不可以逞强。

物壮则老，是谓不道，不道早已。

壮，就是指强。为什么不能逞强呢？因为，强壮就意味着衰败，强壮就接近了死亡。强壮不符合大道柔顺的本性，所以就会早完蛋。

世人都希望表现自己的强大，殊不知，强大只会让我们的心发狂，让我们的身遭殃。

北京白云观

第三十一章 恬淡为上

夫兵者，不祥之器，物或恶之，故有道者不处。君子居则贵左，用兵则贵右。兵者不祥之器，非君子之器，不得已而用之，恬淡为上。胜而不美，而美之者，是乐杀人。夫乐杀人者，则不可得志于天下矣。

夫兵者，不祥之器，物或恶之，故有道者不处。君子居则贵左，用兵则贵右。兵者不祥之器，非君子之器，不得已而用之，恬淡为上。胜而不美，而美之者，是乐杀人。夫乐杀人者，则不可得志于天下矣。吉事尚左，凶事尚右。偏将军居左，上将军居右，言以丧礼处之。杀人之众，以悲哀泣之；战胜，以丧礼处之。

上一章老子告诉我们，一个人用强是不符合大道的，即便是不得已用强，也要适可而止，不然就很危险。这一章老子告诉我们，一个国家和一个人是一样的，守道的统治者，不会轻易使用武力去解决问题，因为武力必定会带来伤害，这种伤害是双方的，没有真正的胜利者，所以也是不得已而为之的事情。

夫兵者，不祥之器，物或恶之，故有道者不处。

兵，指战争、兵器、军队。这些都是不吉祥的东西，万物无不厌恶，有道者是远离它的。

远古时期，人类是没有战争的，人与人和谐相处，人与自然也是和谐相处的。后来人们滋生了贪欲，就出现了争执。战争是一个族群、一个国家贪欲不断膨胀的集中表现。有道者清心寡欲，恬淡自在，哪里还会对战争感兴趣？又怎么可能还会有战争呢？

君子居则贵左，用兵则贵右。

古人知道战争是不好的，于是不得不面对战争时，就在形式上表明自己的态度。平时人们相聚时总是以左边的位置为珍贵，但打仗时却偏偏以右边为珍贵，这种反常理的做法表明，战争实在是迫不得已的举动。

兵者不祥之器，非君子之器，不得已而用之，恬淡为上。胜而不美，而美之者，是乐杀人。夫乐杀人者，则不可得志于天下矣。

战争带来的伤害是双方的，所以，它是不吉祥的。而守道者以清静为上，无为示弱，不到万不得已，绝不会使用战争的。不得已使用战争，即便是胜利了，也绝不会歌功颂德、自鸣得意。战争的胜利者必定是杀了不少人的，庆祝自己的胜利，难道是视杀人为快事吗？视杀人为快事，又怎么能被天地所接容呢？

现在我们经常可以看到为击毙某某逃犯而大开庆功宴的报道，按照老子的观点，逃犯的行为得到制止固然必要，但杀戮一个生命还是值得悲哀的，没有什么值得喜庆。我们厌恶的是那个人的不良行为，但那个生命还是需要怜爱的。

吉事尚左，凶事尚右。偏将军居左，上将军居右，言以丧礼处之。

古代有一种礼节，凡遇到喜事、好事，座位排定都是以左边为上，而遇到丧事就会以右边为上。为了表明战争的危害，古时军营里的座位排序都是偏将军坐在左边，而上将军却坐于右边，这是说，战争不论胜败，都应按照丧事去对待。

杀人之众，以悲哀泣之；战胜，以丧礼处之。

有战争就有死亡，无论原因为何、结果怎样，都是杀人之举。既然杀了人，就应该感到悲切哀伤，就算是战胜一方，也应该用丧礼对待自己的胜利。

贪心造成争执。小贪心造成小争执，大贪心造成大争执。人贪起争斗，国贪起战争。老子反对战争，说到底是反对人的贪婪。贪心无有，才会国泰民安。

老子骑牛图 宋 （晁补之）

老子授经图 （任颐）

第三十二章 知止不殆

道常无名，朴。虽小，天下莫能臣。侯王若能守之，万物将自宾。天地相合，以降甘露，民莫之令而自均。始制有名，名亦既有，夫亦将知止，知止可以不殆。譬道之在天下，犹川谷之于江海。

道常无名，朴。虽小，天下莫能臣。侯王若能守之，万物将自宾。天地相合，以降甘露，民莫之令而自均。始制有名，名亦既有，夫亦将知止，知止可以不殆。譬道之在天下，犹川谷之于江海。

本章讲万物分化、异化，思想上、认识上也有了分类、区别，此时我们更不可忘记大道，要知道适可而止的重要，因为万事万物都有个极限，到了极限而不知道停止，危险就会随之而来。

道常无名，朴。虽小，天下莫能臣。

常，是指本来、从来；朴，是指没有雕琢，没有自私，没有分别；小，是指没有形状。

道，它本来没有名称，我们叫它“道”是勉强为之。但道的确存在，它的特性是朴，就是没有雕琢，没有自私，没有分别，也没有形状，天地依它而生，依它而活，没有什么力量可以超越、主宰这个“道”。

侯王若能守之，万物将自宾。

侯王，指人心；万物，指身体各部分。

我们这颗心要是能够坚守大道，与道性相合，那么，身体的每个部分都会规规矩矩，不再躁动。

修行，就是修心。我们凡人的心附着太多的贪欲、妄想。修行的过程就是与贪欲、妄想搏斗的过程。

憨山大师说过：讲道容易修道难，杂念不除总是闲。世事尘劳常挂碍，深山静坐也徒然。可见，无论在哪里修行，重要的是去除杂念。当你的心里没有了杂念，没有了分别执取，回归于自然与质朴，那便是得道了，那才是真正的平和与自在。

天地相合，以降甘露，民莫之令而自均。

道，看不见，也摸不着，往往难以体会。但人人都可以看到天地共同作用而降下甘露的情景；那么，甘露的降临是完全自然的、均匀的，也没有人命令它这样，这就是符合大道的表现。天降雨水，不论是好人还是坏人，也不论是高山还是峡谷，统统给予均匀施舍，没有高低之分，也没有远近之别，这就是大道，这就是我们要遵循的品质。

始制有名，名亦既有，夫亦将知止，知止可以不殆。

名，是指名相，各类看得见、摸得着的物质都可以归属于名相。名相意味着分别。名相越多，分别就越多；分别越多，离道就越远。

就拿交通工具来说，古代人以步代车，后来分别出了一个平板、两个轮子的马车，而现在的汽车有几千个甚至是几万个部件组成。这样的分别显然不是尽头，人类的分别还在继续。

分别越来越细，随之而来的灾难也越来越多。古人“日出而作，日落而息”，悠哉游哉。后来随着所谓科技的发展，出现了电灯，人类的夜生活不断丰富；再后来又出现了核能，用来满足人们日益膨胀的各种欲望。但核能泄漏怎么办？泄漏就会殃及无数人的生命，这就是人类分别的结果，不知这是一种造福之举，还是自掘坟墓呢？

分别似乎是个好东西，其实，分别就是妄想，分别就是烦恼。所以，老子告诫世人，要知道停止，停止分别，复归于朴，复归于简单，复归于清静，只有这样，才可以远离危险。

譬道之在天下，犹川谷之于江海

大道无所不在。大道在天下，本应该人人归顺的，这就像川谷归向江海一样。

庄子曾经讲过一个故事：南海的帝王叫儵，北海的帝王叫忽，中央的帝王叫浑沌。儵帝和忽帝时常结伴到中央帝王那里做客，浑沌招待得很不错。儵帝和忽帝商量着要报答浑沌的好处，就合计着别人都有七个窍，以便看视、听闻、进食、调息之用，但中央帝王浑沌却偏偏没有，于是就尝试着给中央帝王浑沌开凿七窍。他们每天开凿一窍，七天后，七窍开凿通了，浑沌却一命呜呼。

大道不是知识，大道更不是发明创造。世人觉得自己开窍了，心中滋生了许多的新花样、新点子，殊不知，那些都是危险的红灯，是步入死亡的开始。

高逸图 （董其昌）

第三十三章 知足者富

知人者智，自知者明。胜人者有力，自胜者强。知足者富。强行者有志。不失其所者久。死而不亡者寿。

知人者智，自知者明。胜人者有力，自胜者强。知足者富。强行者有志。不失其所者久。死而不亡者寿。

本章讲知人和为人，知道了他人也就知道了为人。顺应道的性质而为是为人的根本，也是与天地同存的关键。

知人者智，自知者明。

知，是指了解。了解他人是一种智慧。

了解和爱是解脱之道。爱可以更好地了解，了解是为了爱。带着憎恨，带着愤怒，带着偏见，带着斥责都是不可能做到真正的了解，只有带着爱走进对方时，这时对对方的了解才是全面的和透彻的。

自己了解自己也是一种智慧。苏格拉底经常对身边的人说：认识你自己。他为什么这么说呢？就是因为认识自己太难。我们都觉得自己很可爱，殊不知我们的贪婪、我们的强硬、我们的自我表现以及我们的脚臭都是那么的令人讨厌。认识自己就是要让我们的行为与大道相合，体现出处下、柔弱、自然无欲的本性。认识自己是修行的开始，认识自己也是明了修道的开始。

人类有责人贵己的老毛病，这都是因为没有真正了解他人和了解自己造成的。

胜人者有力，自胜者强。

胜，指包容、接纳。

胜人不是指使用我们的拳头，也不是指使用我们手里的核武器，而是指对他人的一种包容和接纳。这个世界上没有最有力量的人，也没有永远的胜利者，如果说有，那就是那些能够包容和接纳他人的人。

包容和接纳本身就是一种爱，而只有爱才能够征服所有的人，因为爱才是最有力量的。

释迦牟尼住世时，有一个杀人魔王叫鸯掘摩罗，他杀人无数，甚至把杀过的人的手指当念珠串起来玩。

有一天释迦牟尼到街上乞食，发现整个街道空空如也，所有的住户都紧闭房门。释迦牟尼走向一个街坊，开始敲门。当街坊发现是释迦牟尼时，才轻轻地开门，赶紧把释迦牟尼拉进屋里，对他说，你不知道吗？杀人魔王鸯掘摩罗来到我们小镇了。他武功高强，谁如果遇到他就会没命，国王派了数百武士捉拿他，结果武士们大部分都死伤了，而鸯掘摩罗一点事都没有。你还是在我家里藏起来吧！

释迦牟尼听了讲述后说，我不会藏起来，我还要乞食。那个街坊劝说：这样会很危险。释迦牟尼说，谢谢你的提醒，不过我相信我会没事的。

释迦牟尼在街上缓慢地走着。走着走着，他听到后面有一阵脚步声，稳健而又急促。他知道这一定是鸯掘摩罗了。

“给我站住。”鸯掘摩罗在后面喊。

“我早就停下了。”释迦牟尼平和地说。然而释迦牟尼还是在向前走。

“给我站住。”鸯掘摩罗在后面继续大声地喊。

“我早就停下了。”释迦牟尼又平和地说。然而释迦牟尼还是在向前走。鸯掘摩罗被这奇怪的回答怔住了，于是快速地跃到释迦牟尼的前面，拦住了他的去路。

“我不是让你站住吗？你还在前行，为什么说你早就停下了？”鸯掘摩罗气急败坏地说。

释迦牟尼说：“我的心早就停止了躁动，它平和而又宁静。没有停止的是你呀。”这时，释迦牟尼专注地望着鸯掘摩罗的眼睛继续说：“人人都有享受清净之乐的权利，你为什么要过着疯狂迫害别人，而又被别人追杀的日子呢？”

鸯掘摩罗望着释迦牟尼平静的神态，自己就像一团雪在火炉边慢慢融化。他从未见过有人用这样的眼神直视他，也从未见过这样的慈爱与宽容。鸯掘摩罗对释迦牟尼说，我也想过清净的日子，但我杀了太多的人，已经无法回头了。

释迦牟尼说，放下你手里的刀，不再作恶，你现在就可以获得轻松和自在。你只要决心用善洗恶，我会请求国王赦免你过去的罪。

听到这里，鸯掘摩罗全身不由地瘫软下来，他跪伏在释迦牟尼面前，请收他为徒。从此鸯掘摩罗过上了行善、平实的生活。

胜人者有力，怎么胜人呢？这里释迦牟尼没有动过一个指头，他是用他博大的慈爱征服了鸯掘摩罗的。

如果说胜人的最大力量是包容、接纳和慈爱的话，那么自胜又是指什么呢？是不是要把自己按到地上揍一顿呢？当然不是。自胜不是指别的，是指战胜自己的习气。我们都有贪婪、妒忌、愤恨、愚痴等习气，这些都是与大道不符的，我们如果能够战胜这些不良的习气，我们就是无比强大的。

知足者富，强行者有志

富有是人类不懈的追求。什么才叫富有呢？老子说，知足是最大的富有。知足就是指对现状的满意。一个仅仅有饭吃、有床睡的人如果知足了，那他就比不知足的百万富翁还要富有。富有不是指拥有的多，而是指渴求的少；不是指外境上的多，而是指心境上的少。

渴求是我们烦恼的根源。修行的过程就是减少渴求的过程。这个过程不是一帆风顺的，需要决心，需要持戒，需要远离我们依附多年的享欲，这不容易做到，要下一番硬工夫。你真的做到了，这就叫“有志”。

不失其所者久。死而不亡者寿。

所，是指大道。

不失去大道，就会没身不殆，长安无事。

什么叫“寿”呢？庄子说过：殇子为寿，彭祖为夭。意思是说，刚出生的小孩就死了是长寿，彭祖活了八百岁却是个短命鬼。这是什么话呢？就是说，生死都是人为的观念，你只要还有个观念在，也就无所谓“寿”，当你与“道”相合、生死两忘的时候，那就叫“寿”了。

这一章讲知人和为人。为个什么样的人呢？老子还是那句老话：守道。守道了你就可以知人，守道了你就可以自知，守道了你就可以胜人，守道了你就可以自胜。真正做到了守道，那就可以与日月同辉，与天地同存。

第三十四章 不自为大

大道汜兮，其可左右。万物恃之以生而不辞，功成而不有。衣被万物而不为主，可名曰『小』；万物归焉而不为主，可名为『大』。以其终不自为大，故能成其大。

大道汜兮，其可左右。万物恃之以生而不辞，功成而不有。衣被万物而不为主，可名曰“小”；万物归焉而不为主，可名为“大”。以其终不自为大，故能成其大。

本章讲大道无私利他的性质，以警示后人放下自我。说明了只有放下自我，才能成就自我的道理。

大道氾兮，其可左右。

氾，是指无物不有，无处不到。就人而言，也指一静之后，遍体皆空，无有障碍。大道恣意流淌，可左可右，无不通畅，无不灵验。

庄子曾经说过，豨韦氏得道，就可以从容地立于天地之间，成为人类最初的皇上；伏羲氏得道，就可以与元气相合，大开智慧，画八卦以显示自然之理。

日月得道了，它们的光芒就从来没有停止过；或者说，日月是顺应“道”的本性在运动，就可以经久不息。

堪坏得道了，他就可以永远做昆仑山的山神；冯夷得道了，就成了管理各大河流的水神；肩吾得道了，就可以永远守住泰山；黄帝得道了，他就能够登天入云，遨游天际；彭祖得道，他出生于虞舜时期，到春秋五霸时还活着。

可见，人若得道，是一件惊天地、泣鬼神的大事。

万物恃之以生而不辞，功成而不有。

万物依赖大道而生，大道不推辞，不拒绝。就像有个人困了，往自己的肩膀上一靠，靠就靠吧，没有反感，没有避让。

大道化育万物，可谓功成名就，但大道不以为然，不居功，似乎这一切都与自己无关。

圣人与凡人的区别在于：圣人不争，功也好，过也好，都不争，自然而为，其结果任由他去；凡人有争，有过要争三分理，无过要争十分功。

衣被万物而不为主，可名曰“小”；

大道像庇护着婴儿的母亲一样庇护着万物，但从不宣称自己是主人，也不勉强万物，强行控制它们发展的方向，就像自己根本不存在。这是“无我”的品质，从这个角度说，大道是视而不能见的，是渺小如虚的。

万物归焉而不为主，可名为“大”。

大道无言，但万物归向。大道不凸显自己，这才是它的博大之处。

道家、佛家都讲究最宝贵的不是显德，而是阴德。一个人做了好事，不声张，不表白，做了就做了，神不知，鬼不觉，而且做过好事马上就忘记了，似乎什么都没有发生，心无念想，这就是得道的心境；如果你做了好事，生怕别人不知道，到处宣扬，那你做好事的功德就大打折扣了；更甚者，做好事不但要公告世人，而且用意全在于此，那这类好事是功德全无的，与道不合了。

以其终不自为大，故能成其大。

大道自始至终潜隐而不见，不标榜自己，所以更成就了它的博大。

圣人修道，往往是默默以合天地，无形以合阴阳，不彰显以成大业。这恐怕就是老子所说的道行了吧。

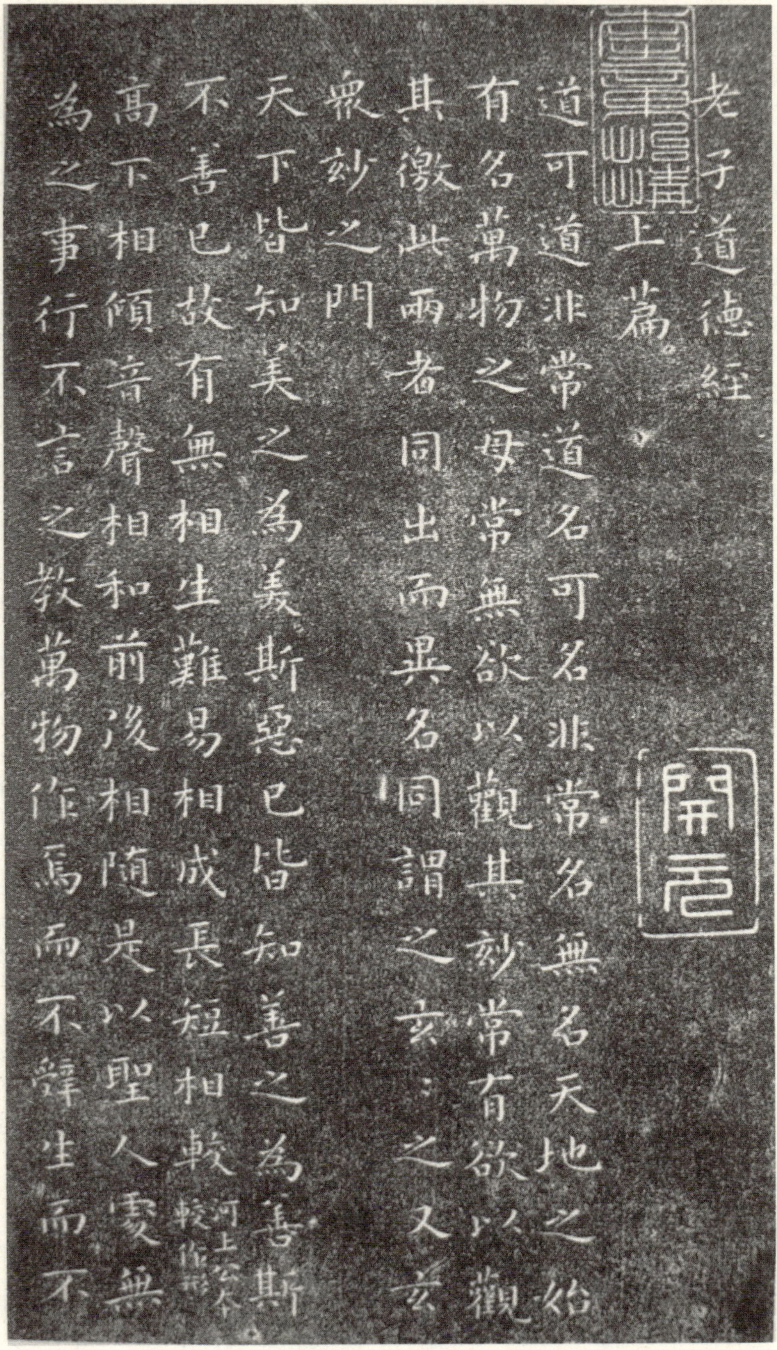
老子道德經
上篇
道可道非常道名可名非常名無名天地之始
有名萬物之母常無欲以觀其妙常有欲以觀
其徼此兩者同出而異名同謂之玄玄之又玄
衆妙之門
天下皆知美之為美斯惡已皆知善之為善斯
不善已故有無相生難易相成長短相較
河上公本較作形
高下相傾音聲相和前後相隨是以聖人處無
為之事行不言之教萬物作焉而不辭生而不
開元

老子道德经　唐（虞世南）

第三十五章 往而不害

执大象，天下往。往而不害，安平泰。乐与饵，过客止。道之出口，淡乎其无味，视之不足见，听之不足闻，用之不足既。

执大象，天下往。往而不害，安平泰。乐与饵，过客止。道之出口，淡乎其无味，视之不足见，听之不足闻，用之不足既。

本章老子劝人向道，大道无滋无味，视而不见，听而不闻，但坚守大道就可以不害、安泰，受用无穷。

执大象，天下往。往而不害，安平泰。

大象，是指大道；天下，是指身心。按照道家的说法，人是精、气、神的和合，或者是魂魄的和合。佛教讲，人是五蕴即色、受、想、行、识的和合，或者是身心二法的和合。无论是精、气、神、魂魄，还是色、受、想、行、识，老子说，你只要守护大道，你的身心就会制于一处，不再散乱。亲近大道，我们就可以不会受到伤害，能够平和、安泰。

乐与饵，过客止。

老子说，很可惜，大道无限好，只是世人糊涂，不知追逐。反过来听到音乐、见到美食就走不动路了。

人们热衷于眼前的感受，沉溺于低级趣味，沦陷于苦海而不知。几千年前，老子就说出此话，想想现在更是如此。电视、报纸、杂志无不在展示躁动、浮夸、贪图和欲乐。大智慧不被接受，小聪明则招摇过市，令人眼花缭乱、心神不宁。

想当年，老子要过函谷关，关长伊喜头一天观天望气，见有紫气东来，知道第二天必有圣人过关，于是将道路打扫四十里，恭迎圣人。这是何等的敬师，又是何等的爱道。

试想老子于现世开个讲堂，谈经论道，想必远不如音乐厅的生意好，也不如饭店里的人气旺，这是不是末法时代？这是不是背道离德？这是不是人类的悲哀呢？现在，人心犹如一盆沸腾的水，上下跃动，下面是旺盛燃烧着的欲火。火不停，水又怎能止息？

道之出口，淡乎其无味，视之不足见，听之不足闻，用之不足既。

为什么我们生于大道而不见道呢？因为大道无法言说，无滋无味，看也看不见，听也听不到。恍恍惚惚，漂浮不定。但老子说，大道的确存在，而且取之不尽，用之不竭。

大道犹如圣人书，读诵百遍深感不够，吟诵万遍欣喜如初。只是世人沉迷于灯红酒绿，又能有几人静心品味圣人书呢。

第三十六章 柔弱胜刚强

将欲歙之，必固张之；将欲弱之，必固强之；将欲废之，必固举之；将欲取之，必固与之。是谓“微明”。柔弱胜刚强。鱼不可脱于渊，国之利器不可以示人。

将欲歙之，必固张之；将欲弱之，必固强之；
将欲废之，必固举之；将欲取之，必固与之。
是谓『微明』。柔弱胜刚强。
鱼不可脱于渊，国之利器不可以示人。

本章是在讲修行的功夫，不是在谈辩证法，更不是在谈治国之策。《道德经》是一本道书，虽然有些章节谈到了治国、养身或者兵法，但大多数还是在谈修道。本章就告诉我们修道应该注意到的一些方面。

☯ 将欲歙之，必固张之；

歙，是指收敛。收敛什么？收敛己见。对于修行人来说，己见是修行的大障碍，不收敛己见，就很难接纳正见，正见树立不起来，修行就失去了倚靠。

张，是指张扬、张狂。我们每个人每天都在张扬、外显自己。哪些是好的，哪些是不好的，一定要清楚。有些人说，我已经很收敛了，从不张扬自己。其实说这话的时候，你已经在张扬自己了。

要想做到收敛，就必须认识到张扬之害。放下己见，是修行的第一步。

☯ 将欲弱之，必固强之；

弱，不是虚弱，而是对外界的全面接纳，是没有对抗的平和心态。要想达到这样的境界，必定要认识到何谓“强”。强，是指对抗和不接纳，意味着拒绝。

历史上有不少用强的皇帝，如夏桀、商纣、秦始皇等，他们本事都很大，但用强的结果无不是害了自己，苦了人民。我们这些凡夫，虽然本事没有那些皇帝大，但用强之心却很是炽盛，总是想方设法借助一点点权势、力量，甚或是通过提高声音，企图压倒对方，征服别人。殊不知，我们修行就是要去除那些“强”的表现，呈现似水般柔弱。因为，柔弱才真正具有无限的力量。

☯ 将欲废之，必固举之；

废，是指废除。废除什么呢？废除习气。人的习气总是有着极大的惯性，改起来很难。要想废除自己的习气，就必定要看清那些兴风作浪的力量。举，就是指我们身上凸显的习气，看清它，才能够废除它。

☯ 将欲取之，必固与之。

取，是指得到、获得。得到什么呢？得到大道。与，是指付出。付出什么呢？付出人间孜孜追求的物欲、情欲、权力欲。这句话是说，你要想获得大道，那么，你就要付出人们贪图的财、色、名、食、睡，因为，它们会搅拌得你内心无法平静。这一点与释迦牟尼的“以戒为师”的思想有着异曲同工之妙。

是谓“微明”。

微，是指微妙、玄妙；明，是指智慧。谁如果明白并做到了上述四点，谁就具有了玄妙的智慧。

柔弱胜刚强。

老子再次告诉我们，万万不要逞强，逞强就是死路一条。无论是工作上，还是生活中，无不如此，真实不虚。

柔弱才最有力量。再刚强的东西，柔弱都能够制伏它。水滴石穿就是这个道理。人活在柔弱中，就是活在道中了。

鱼不可脱于渊，国之利器不可以示人。

人不可离开大道，这就像鱼不可离开水池一样。国，是指身体。利器，是指容易造成伤害的东西，这里指己见、强悍、习气和贪婪。这些都是不可以展示的。它们一露头，就要把它们铲除掉。

修行的确不容易，因为，修行的过程就是抵制过去长期熏习而成的固有模式的过程。但你真的下工夫突破了这个瓶颈，你就剜除了苦的根源，你就可以得到平和之乐、清静之乐。

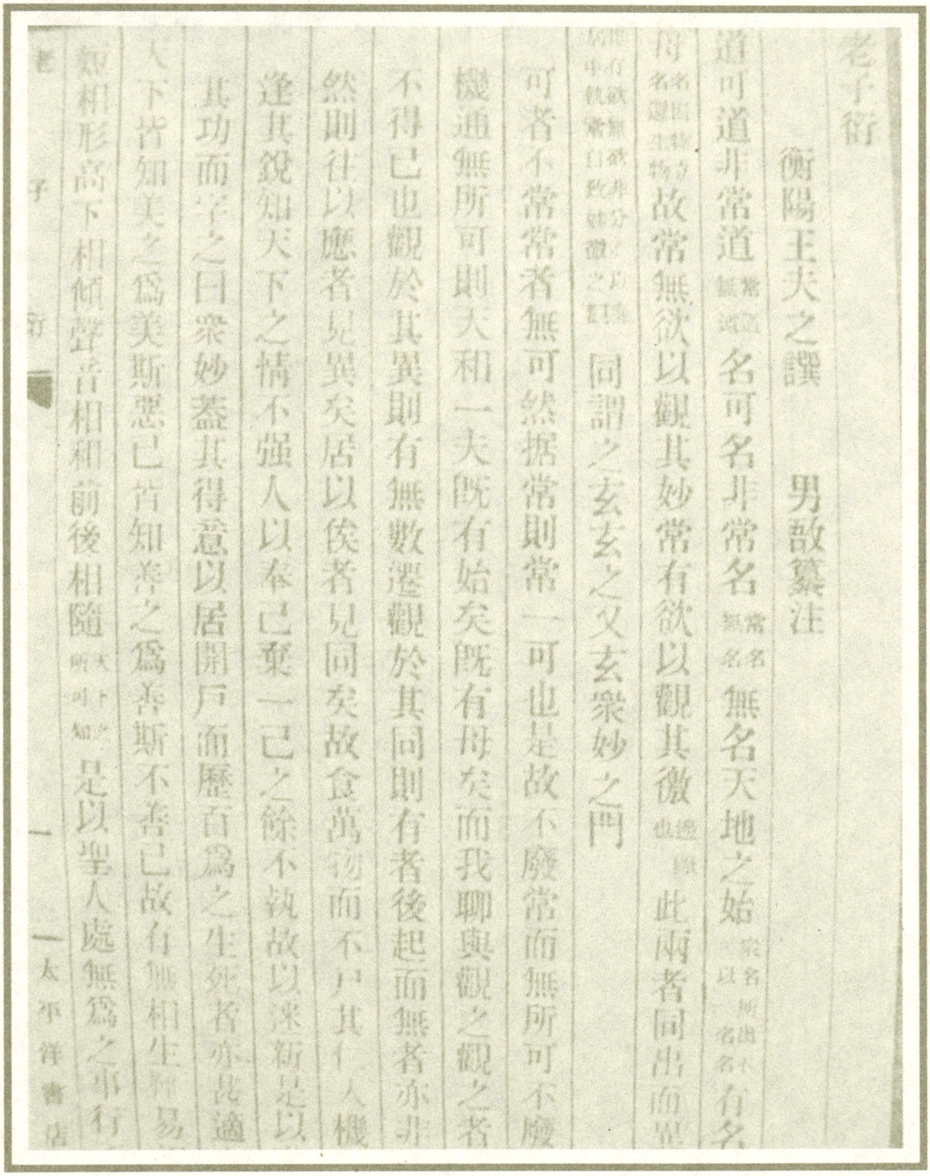

老子衍

衡陽王夫之譔　男敔纂注

道可道非常道（常道無道）名可名非常名（常名無名）無名天地之始（衆名所出不以名名）有名

母（名因物立名還生物）故常無欲以觀其妙常有欲以觀其徼（徼邊際也）此兩者同出而異

名（[illegible]）同謂之玄玄之又玄衆妙之門

可者不常常者無可然據常則常一可也是故不廢常而無所可不廢

機通無所可則天和一夫既有始矣既有母矣而我聊與觀之觀之者

不得已也觀於其異則有無數遷觀於其同則有者後起而無者亦非

然則往以應者見異矣居以俟者見同矣故食萬物而不尸其仁入機

逢其銳知天下之情不强人以奉己棄一己之餘不執故以迷新是以

其功而名之曰衆妙蓋其得意以居開戶而歷百爲之生死者亦甚適

天下皆知美之爲美斯惡已皆知善之爲善斯不善已故有無相生難易

短相形高下相傾聲音相和前後相隨（天下之所可知）是以聖人處無爲之事行

老子衍　一　太平洋書店

老子衍　明（王夫之）

第三十七章 不欲以静

道常无为而无不为。侯王若能守之，万物将自化。化而欲作，吾将镇之以无名之朴。镇之以无名之朴，夫将不欲。不欲以静，天下将自正。

道常无为而无不为。侯王若能守之，万物将自化。化而欲作，吾将镇之以无名之朴。镇之以无名之朴，夫将不欲。不欲以静，天下将自正。

本章的主旨是通过“大道”无为来论证“人道”贵静，通过自然自化来推论社会的自定。再次说明无为之有益。

道常无为而无不为。

常，是指恒常、永久。大道总是顺应自然而为，不强为，不妄为，所以，反过来做到了无所不为。

无为，还指无心而为。为就为了，无妄想，无私利，不求回报。

记得有一个老和尚携小和尚远游，途遇一条河，见一女子正想过河，却又不敢过。老和尚便主动背该女子蹚过了河，然后放下女子，与小和尚继续赶路。

小和尚不禁一路嘀咕：师父怎么了？竟敢背一女子过河？一路走，一路想，到了晚上，终于忍不住了，说："师父，你犯戒了。"

老和尚问："我犯了什么戒？"

小和尚说："你怎么敢背女人过河呢？"

老和尚叹道："把她背过河，我把她放下也就放下了，你背了她一天还没有放下啊！"

这里老和尚的作为，就是属于自然而为，无心而为，也就是老子所说的"无为"。

侯王若能守之，万物将自化。

侯王，是指心；万物，是指人的各种行为举止。人心能够坚守大道，那么，人的各种行为举止也就会随之自动发生变化。

因为你守的是道，所以，你变化的不会是魔鬼什么的，也不会是别的什么恶行，你的变化只会越来越与大道的性质相符。

化而欲作，吾将镇之以无名之朴。镇之以无名之朴，夫将不欲。

在各种行为举止的变化过程中，是不是欲望就一下子消失了？不是，欲望就像春天的小草，会不断地涌出。怎么办呢？还是需要用"大道"去震慑。

大道本无名，大道本质朴。所以，无名之朴，就是指大道。人心一旦被"大道"所震慑，就会回归到本来的清净，清净就意味着杂念不生，杂念都没有了，又何来欲望呢？欲望是个危险的家伙，它会让我们贪图、争斗、嫉妒、愤怒，搅乱我们的心境。

不欲以静，天下将自正。

没有了欲望，我们的心才会彻底地达到清净，我们的身心才会与道相合，正而无邪。天下，是指身心。

修行的过程，其实就是灭欲的过程。修行中欲望会不时地跑出来捣乱，让我们不得安定。欲望灭绝了，平和、自在的无忧生活就开始了。

第三十八章 上德不德

上德不德，是以有德；下德不失德，是以无德。上德无为而无不为；下德为之而有不为。上仁为之，而无以为；上义为之，而有以为。上礼为之，而莫之应，则攘臂而扔之。

上德不德，是以有德；下德不失德，是以无德。上德无为而无不为；下德为之而有不为。上仁为之，而无以为；上义为之，而有以为。上礼为之，而莫之应，则攘臂而扔之。故失道而后德，失德而后仁，失仁而后义，失义而后礼。夫礼者，忠信之薄，而乱之首。前识者，道之华，而愚之始。是以大丈夫处其厚，不居其薄；处其实，不居其华。故去彼取此。

《道德经》又分《道经》和《德经》两部分，三十七章以前是《道经》，三十八章以后是《德经》。

本章是《德经》的第一篇，主要论说大道运用于世间的不同体现，以及我们该怎么做。

上德不德，是以有德；

在古代，道是道，德是德。“道”，是一切之根本；“德”，是“道”体现出来的种种品质。从某种角度说，上德就是大道。大道有一种不言的性质，就是有用而不言用、有功而不言功的性质。

上德的人，对人有德而不自以为有德，那才是真正的有德。

上德的人对你好，做了也就做了，不会是有心去做，也不会表白自己的行为有多么高尚。完全是自然而为。

关于“上德不德”的思想，庄子同样也有过论述。他说：什么是“上德”呢？上德就是要做到“内保之而外不荡也”，就像是一杯水，满满的，但不外溢，不外显，人不知，鬼不觉。

下德不失德，是以无德。

下德也是德，不过这种德已经脱离了大道，有了彰显的痕迹，做了好事自己记得很清楚，而且希望别人也知道。所以老子说，这可以讲是无德。

上德无为而无不为；下德为之而有不为。

上德的人不强为，不妄为，似乎什么都没干，但却无所不为；下德的人似乎干了许多事，整天忙得不亦乐乎，其实漏洞百出，不到位的地方多得很。

上仁为之，而无以为；上义为之，而有以为。

仁，即仁爱，但这种爱是与恨相对应的，是有远近之分、亲疏之别的。上仁，即大爱，这种爱没有分别，完全是自然流露。所以，上仁的作为，没有痕迹，好像什么都没做似的。从这点上说，上仁还是体现了大道慈爱的性质的。

义，是指他人有难，出手相助的举动。上义，是指他人有难，适宜地、有选择地出手相助的举动。上义所表现出的作为，是自己心里明白，别人也看得很清楚。义重必定生刚强，刚强必定生是非。

上礼为之，而莫之应，则攘臂而扔之。

礼，是指示人以曲。己弯腰则人高，对他人即为有礼。因此，敬人即为礼。上礼，是指处处行礼之人。如果大道是个人的话，那么对上礼者的行为，大道会不屑一顾的，提起手臂把他扔到一边去。因为上礼实在是离道越来越远了。

故失道而后德，失德而后仁，失仁而后义，失义而后礼。夫礼者，忠信之薄，而乱之首。

所以，失去了“道”，才会出现“德”；失去了“德”，才会出现“仁”；失去“仁”，才会出现“义”；失去“义”，才会出现“礼”。人如果到了崇敬“礼”的地步，那真是忠信全无，混乱到了极点。

这里老子告诉我们，守道是做人之根本，是世界平和的珍宝。世间提倡的仁、义、礼等美德，都是因为丢掉了大道的缘故。

前识者，道之华，而愚之始。是以大丈夫处其厚，不居其薄；处其实，不居其华。故去彼取此。

高明正大清静无为的人，体现大道的光辉，无为、不动、不闻、不见，昏默若愚。一心向道之人，处上德之厚，不处上礼之薄；居上德无为之实，不居上仁、上义、上礼有为之华。故去除上仁、上义、上礼之彼，而取无为上德之此。

孔子在世时十分强调仁、义、礼对社会和谐的作用，并穷其一生大力推广和提倡。他还就“礼”的问题专门向老子请教过，但老子没有回答他的提问，只是给了他一些指导和教诲。后来孟子又提出“智”，董仲舒又提出“信”，这就是我们知道的儒家“五常”，一直成为中国人价值观的重要内容。

老子所处的时代已经非常混乱，当时也出现了各种不同的学术流派，众说纷纭，莫衷一是。这一章，老子告诉世人，根本的原因是我们丢掉了大道，而不是别的。要想让这个世界祥和、互敬、无争、安乐，除了坚守大道，我们别无选择。

老子像　清

第三十九章 贵以贱为本

昔之得一者——天得一以清，地得一以宁，神得一以灵，谷得一以盈，万物得一以生，侯王得一以为天下正。其致之也。天无以清，将恐裂；地无以宁，将恐废；神无以灵，将恐歇；谷无以盈，将恐竭；万物无以生，将恐灭；侯王无以正，将恐蹶。故贵以贱为本，高以下为基。是以侯王自谓孤、寡、不穀。此非以贱为本邪？非乎？故至誉无誉。是故不欲琭琭如玉，珞珞如石。

本章谈守道的重要。提醒世人，返本还源，找回本来面目。

昔之得一者——天得一以清，地得一以宁，神得一以灵，谷得一以盈，万物得一以生，侯王得一以为天下正。其致之也，天无以清，将恐裂；地无以宁，将恐废；神无以灵，将恐歇；谷无以盈，将恐竭；

昔之得一者——天得一以清，地得一以宁，神得一以灵，谷得一以盈，万物得一以生，

昔，指大道化育万物之始；一，指“道”。那时只有一点灵性，一气贯通，各类守“道”为一，无欲无求，杂念不生，虚其心，忘其形，绝其意，归其清，守其静，返其空。

天守道而清明；地守道而宁静；神守道而灵验；五谷守道而满盈；万物守道而长生。

侯王得一以为天下正。其致之也。

侯王，指心。心若守道，则天下自正。

庄子在“齐物论”中也传递了这样的信息：世间万物本无不同，从自然中来，最后都要回自然中去。不同的是我们的心，由于心的差异，才有了各自不同的观点，什么好了坏了，贵了贱了，什么美了丑了，对了错了，什么天是歪的了，地是方的了等。

这里老子说，心如果守于道，那么天下万物都是正的，没有斜的歪的，一切乱七八糟的争辩都会戛然而止，这都是因为得道的原因。

天无以清，将恐裂；地无以宁，将恐废；神无以灵，将恐歇；谷无以盈，将恐竭；万物无以生，将恐灭；侯王无以正，将恐蹶。

可以说，天失去了清明将会崩裂；地失去了宁静将会震溃；神失去灵性将会不复存在；五谷失去满盈将会枯竭；万物失去长生就意味着灭绝；人心失去了公正，不再清静，那么身心就会疯狂。若不看不闻，清心静意，忘物忘形，心无其心，意无其意，无无亦无，无无不无，又何来疯狂？

世界本自太平，但人心不正，离道离德，自私贪爱，物欲横流，才致使天下大乱，了无宁日。

故贵以贱为本，高以下为基。

所以，不要再争强显贵，还是要以谦让处下为根本；也不要再高高在上，还是要以质朴平实为基础。

是以侯王自谓孤、寡、不穀。此非以贱为本邪？非乎？

孤，是指单；寡，是指独；不穀，是指无同类。这三个方面反映了道的不同性质。如果人心自守道的这些性质，清纯自安，少私寡欲，哪里还有那么多的是是非非呢？这不就是以谦让处下为根本吗？难道不是这样吗？

故至誉无誉。是故不欲琭琭如玉，珞珞如石。

达到了道的境界，那是一种极致，干干净净，一尘不染。所以，争做华丽的美玉，还不如做普通的石头踏实。

每个人都在努力地往人生的金字塔上端攀爬，爬着爬着，我们就忘记了自己是来自最底部，从而也就忘记了自身的危险。老子告诉世人，坚守质朴无华的大道吧，那里才是我们安全永乐的家园。

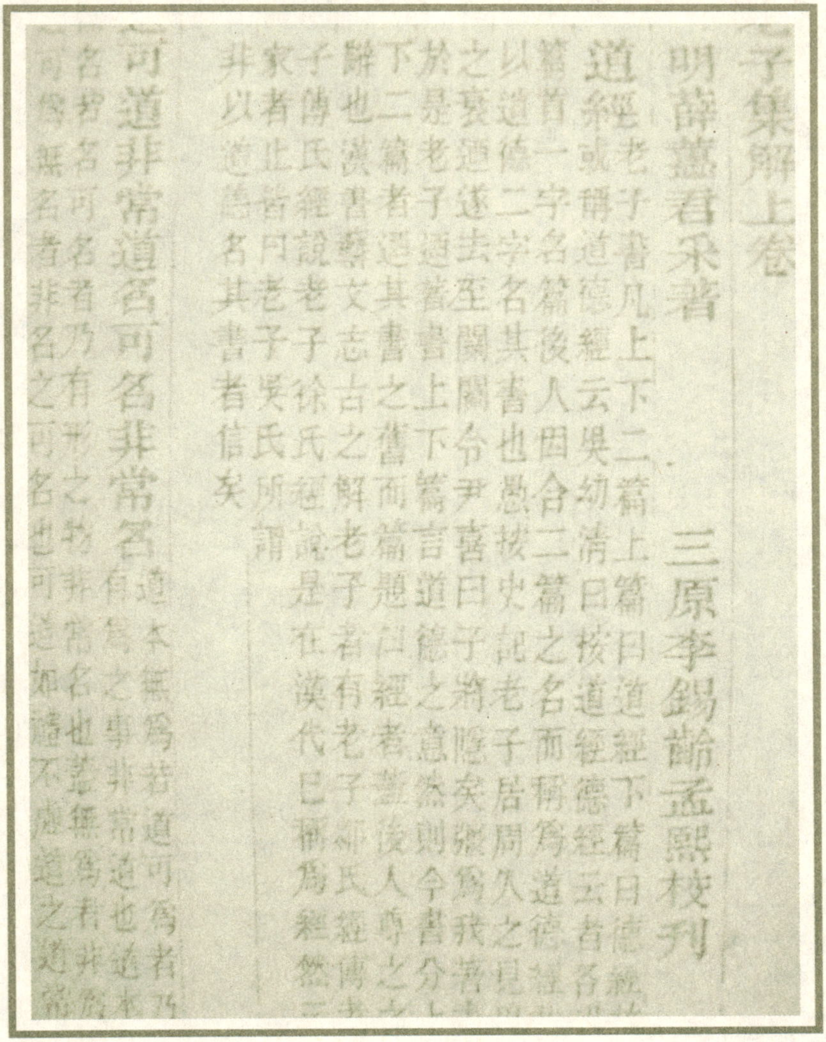
老子集解上卷
明薛蕙君采著　　三原李錫齡孟熙校刊
道經老子書凡上下二篇上篇曰道經下篇曰德經
或稱道德經云吳幼清曰按道經德經云者各
篇首一字名篇後人因合二篇之名而稱爲道德經
以道德二字名其書也愚按史記老子居周久之見周
之衰迺遂去至關關令尹喜曰子將隱矣彊爲我著書
於是老子迺著書上下篇言道德之意然則今書分上
下二篇者迺其書之舊而篇題曰經者蓋後人尊之之
辭也漢書藝文志古之解老子者有老子鄰氏經傳
子傅氏經說老子徐氏經說是在漢代已稱爲經然
家者止皆曰老子吳氏所謂
非以道德名其書者信矣
道可道非常道名可名非常名道本無爲若道可爲者乃有爲之事非常道也道本
名者名可名者乃有形之物非常名也若無爲者非爲
可爲無名者非名之可名也可道如譫不應道之道常

老子集解　明（薛蕙）

第四十章 有生于无

反者，道之动；弱者，道之用。天下万物生于『有』，『有』生于『无』。

反者，道之动；弱者，道之用。天下万物生于“有”，“有”生于“无”。

本章说“道”的运动和作用。“道”的运动总是与世间法则相反，“道”的作用总是表现为谦下柔弱。这两点是把握“大道”的关键。

反者，道之动；

记得过去我们说过这样的话：圣人总是反社会的。因为，社会是符合大众的，而圣人是符合大道的。这里老子说，反者，道之动。从字面上看，就是指“道”的运动总是反着的。反什么呢？其实就是指反世俗的、反社会的。

大道不是故意要与社会相反，而是社会的发展已经远远地脱离了大道的轨迹。比如，大道本性包容，而社会越来越苛刻；大道本性谦让，而社会越来越追求彰显；大道本性博爱，而社会越来越憎恨；大道本性质朴，而社会越来越奢侈等。

大道展现出的始终是它的本来面目，温不增华，寒不减色。大道处处与世间法则相反，实在不是大道的意志（大道本无自我，也无意志），的确是社会的发展与大道背道而驰了。

我们如果想要大道不再与世间的作为相反，除了让我们的心行与大道保持一致外，恐怕没有更好的办法了。

弱者，道之用。

大道表现出的作用总是柔弱的。这其实又是与世俗相反的方面。试想，世俗之人，哪个不想逞强好胜？又有哪个不想责人贵己？但逞强者是否真强？责人者是否可以贵己呢？

记得小时候听大人说，你要是到机关里去找领导办事，如果办公室里有好几个人，那么，大嗓门说话、趾高气扬的一定不是领导，而真正的领导是坐在角落里一言不发的那一个。后来学习心理学理论才知道，喜欢展示自己强势的人，一定是或多或少有自卑情结的人，因为，真正强势的人是无须展示的。大道无所不能，所以，它给我们的形象往往是柔弱似水的样子。

天下万物生于“有”，“有”生于“无”。

我们看到的天下万物，无不出生于“有”。比如，没有父母就没有我，父母就是“有”；没有种子就没有庄稼，种子就是“有”；没有钢筋水泥就没有高楼大厦，钢筋水泥就是“有”。但这所有的“有”又是从哪里来的呢？是产生于“无”。“无”就是指大道。

既然所有万物都是产生于“无”，也就是大道，那么，我们还有什么理由再质疑大道与世间相反的表现和柔弱似水的性质呢？看来，依道而行、顺道而为才是我们的睿智之举。

第四十一章 大器晚成

上士闻道，勤而行之；中士闻道，若存若亡；
下士闻道，大笑之。——不笑，不足以为道。
故建言有之：明道若昧，进道若退，夷道若纇。
上德若谷，广德若不足，建德若偷，质真若渝。

上士闻道，勤而行之；中士闻道，若存若亡；下士闻道，大笑之。——不笑，不足以为道。故建言有之：明道若昧，进道若退，夷道若纇。上德若谷，广德若不足，建德若偷，质真若渝，大白若辱。大方无隅，大器晚成，大音希声，大象无形。道隐无名。夫唯道，善贷且成。

上一章谈到“反者，道之动；弱者，道之用”，就是说大道的运动总是与现实社会的种种表现相反，又以柔软的态势出现。那么，对待这些反向表现，世人会是什么样的态度呢？老子的回答是：智慧不同，反应就不同。

上士闻道，勤而行之；

上士听闻到道法，勤奋努力，依道而行，不敢有丝毫马虎。

上士，是指根器极高的人。这些人一旦有机会接触到大道，他们就会如饥似渴，如法修行，坚信不疑。

唐末有个道士叫吕洞宾，别号“纯阳子”。一天，他偶遇得道高人汉钟离。汉钟离向吕洞宾传道，吕洞宾闻道后恍然大悟，紧跟汉钟离学道，日后果然修得正果，成为“八仙”之首。像吕洞宾这样的人就属于上士。

现代人类被世俗熏染得越来越严重，有上士根器的人实在是难得一见了。

中士闻道，若存若亡；

中士听闻到道法，心生疑云，摇摆于两可之间。即便是想顺道行事，也不知下手处。

中士相当于现在所说的专家、学者、大学教授、哲学家、科学家等。他们大多接触到大道后，或自以为是，或不以为然，或将信将疑。当然，一个人是上士、中士，还是下士，绝不是看文化程度的高低。有些人是高级知识分子，但可能属于老子说的下士，而有些人一字不识，却属于上士。

下士闻道，大笑之。——不笑，不足以为道。

下士听闻到道法，憋不住要大笑。笑什么呢？笑“反者，道之动”。他们会说，这是什么道？怎么与我知道的都相反呢？还以为道多厉害呢，原来大道的表现如此柔弱，有什么用呢？

这实在是一种愚痴的表现。老子说，这些人听闻大道要是不笑，那么，道也就不是道了。

哪些人属于下士呢？据统计，现在解读《道德经》的读本有上千种，其中有不少人不解老子深意，便胡说《道德经》中的某些话是消极的，或某些话与现代社会不符等，想必这些编著人就属于下士了吧。

《道德经》被历代先皇圣人奉为经典，我们又哪里有资格在这里评头论足？连起码的恭敬心都没有，从哪里闻法？又从哪里得道呢？

无法可闻，便无道可得，又何来谈经论道呢？闻道不解，笑论是非，便是下士。

故建言有之：明道若昧，进道若退，夷道若纇。上德若谷，广德若不足，建德若偷，质真若渝，大白若辱。

所以，真正有成就（得道）的人就有这样的说法：明白大道，却好似暗昧；亲近了大道，与世间法则相对照却好似倒退；平坦的大道，看上去却好似崎岖不平。有大德的人空如山谷，好似什么都不懂；德性充满的人，却好似有缺陷；功德高尚的人好似缺东少西，一点也没有富足的显现；质朴的人，好似浑浑浊浊的样子；很干净的东西，看上去却好似有污点。

这些都是在继续谈“反者，道之动”。“道”的表现总是与人们的认识相反，这只有得道者才能够体会到。

大方无隅，

太大的地方是没有棱角的，即便这个地方是个方形，你也很难找到它的棱角，为什么呢？因为太大了的缘故。比如，北京基本上是遵循方块形状建设的，那么谁能指出北京的棱角在哪里呢？指不出来，就是因为太大了。

大器晚成，

大器，是指得道的境界。为什么要晚成呢？不是说越晚越好，这里是指修道不可逾越，不可急功近利，这样看上去很慢，其实步步为营，水到渠成，收获是不会少的。

大音希声，

大音，是指得道者的言辞，真正的得道者往往没有语言，默不作声，似乎什么都不知道；其实，他们才是真知，具有大智慧。

大象无形。

大象，是指大道，大道无所不在，无时不在，但你看不到它的形状。

道隐无名。夫唯道，善贷且成。

“道”之所以称为“道”，这也是不得已而为之。道无声无相，哪里还有个名字呢？哪里有个什么概念能够概括道的品质呢？但又的的确确只有道才成就了天地，化育了万物。

这一章继上一章再谈“反者，道之动”。因为，道的表现与世间的思维相反，不容易把握，所以，才出现了上士、中士、下士的层次分别。老子说，道似乎总是反着运行，我们可以列举出许多种表现，但大道是真相，不是虚幻，离开大道，就是穷途末路；坚守大道，就可以永享安乐。

第四十二章 负阴抱阳

道生一，一生二，二生三，三生万物。万物负阴而抱阳，冲气以为和。人之所恶，唯孤、寡、不穀，而王公以为称。故物或损之而益，或益之而损。人之所教，我亦教之。

道生一，一生二，二生三，三生万物。万物负阴而抱阳，冲气以为和。人之所恶，唯孤、寡、不穀，而王公以为称。故物或损之而益，或益之而损。人之所教，我亦教之。强梁者不得其死，吾将以为教父。

本章讲以弱制强，以静制动，以有入无，道本柔软，道本清静，道本空无，世人效仿之，便可见得道功夫。

道生一，一生二，二生三，三生万物。

一切因道而生。不知经历了多少亿年（这是形象地说），道首先化生出一。一，是指浑沌未分的元气。这时还没有对立，只有一，没有二。

又不知过了多少亿年，那种浑沌未分的元气，分化出了二。二，是指阴气和阳气。阴阳是事物普遍存在的相互对立的两种属性。阴阳相反相成是事物发生、发展、变化的规律和根源。

又不知过了多少亿年，阴阳二气共同作用，又分化出了三。三，是指天、地、人。

其实，天地存在以后，出现了人的同时，其他万物也都有不少的出现。为什么把人与天地同列呢？这主要因为，人，不仅自己诞生了，人诞生后，随之能够创造出更多的物种。比如，人可以把木材变成桌椅板凳，可以把棉花变成布匹服装，还可以把钢铁变成轮船大炮等。人的这种创造性是与天地齐同的。

那么，我们这个纷繁复杂的世界是哪里来的呢？回答是：都离不开天、地、人。这就是：三生万物。

万物负阴而抱阳，冲气以为和。

世间万物，都离不开阴阳，都是阴阳平衡的结果。南方的树木到北方就种不活，大海里的鱼到淡水里就会死亡，这就是阴阳不和。人也是如此，阴阳和了则生，阴阳不和则病，阴阳尽失则亡。

人之所恶，唯孤、寡、不穀，而王公以为称。

孤，是指单；寡，是指独；不穀，是指无同类。这三个方面反映了“道”的不同性质。

世人喜欢对立，喜欢复杂，讨厌孤单，讨厌空无。但能够自己做主的人就不是这样，他们偏偏追求的就是孤寡、清静、空无的境界。王公，就是指能够自己做主的人，求道得道的人。

阴阳协调了都可以天安人和，万物丰盈，又何况是上索而守道呢？

故物或损之而益，或益之而损。

所以，一切有形的东西，你说它受损了，或许它可能受益了；你说它受益了，或许它受损了。哪里有个什么标准吗？没有。但坚守清静大道，以有入无，就无所谓损，也无所谓益了。

人之所教，我亦教之。

人，这里指“真人”，得道了的人，不是指一般人。

关于“真人”，庄子有过描述，上古时期的得道真人，不逆寡，与一切人一切事都不对着干，都很顺应；不雄成，从不觉得自己有什么了不起；不谟士，也从不动脑筋算计点什么。那些人你说他有过错，他不会后悔，你说他行为得当他也不会得意扬扬。他们登上九万里高空不会害怕，深入太平洋八千米的海底也不会呛水，像在平地一样舒服，步入炼钢的大火炉也不会觉得太热，跟待在恒温室差不多。他们的知识达到了什么程度呢？达到了无知的程度，也就是不增不减、空灵虚无的得道境界，到了这个境界也就是不伤万物、万物不伤的境界。

这里老子说，古代得道的真人都是这么说的，我也只能这么说。大道是一，不是二。

强梁者不得其死，吾将以为教父。

强梁，是指强硬、强大、强势。

大道，本性至柔，表现出强硬、强大、强势，其实就是与大道相对，这样的话，一定死得很难看。别说普通人，即便是帝王将相，背道而驰，也不会有好下场。古时的夏桀、商纣、秦王嬴政，无不强悍无比，但没有一个能安享人道、寿终正寝的。

这些活生生的例子，就是证明，就是老子传道的要义。

圣人说法，八万四千法门，入得一门，便可得道。《道德经》八十一章，反复说“道”，其实，悟得其中任何一章的真义，就能与道相合，受益无穷。

溪山行旅图（范宽）

第四十三章 天下至柔

天下之至柔，驰骋天下之至坚。无有入无间。吾是以知无为之有益。不言之教，无为之益，天下希及之。

天下之至柔，驰骋天下之至坚。无有入无间。吾是以知无为之有益。不言之教，无为之益，天下希及之。

上一章谈到“强梁者不得其死”，就是说，逞强者会死得很难看。这一章讲“柔”的作用，“柔”是无影无形，“柔”是清心静意，“柔”是绝欲安神，“柔”是道性，“柔”是很难达到的得道境界。

天下之至柔，驰骋天下之至坚。

天底下最“柔”的，可以踏遍、摧毁、制伏天底下最坚硬的。至柔，是指凝神静意；至坚，是指心动身苦。

老子在二十六章中曾说过：“重为轻根，静为躁君。”我们解释为：妄念不生为静，心动为躁。修行之人，总是追求不妄动，念头不起。这样就可以不随物转，不受束缚，获得平和与自在。心静了，能制伏一切躁动。

这一章里的“至柔”相当于前面所说的“静”，不生一念，一念不生，就是“至柔”；“至坚”相当于前面所说的“躁”，争强好胜，胡作非为，就是“至坚”，也就是“强梁者不得其死”。

那么，靠什么攻克“至坚”呢，只有“至柔”方能胜此大任。

无有入无间。吾是以知无为之有益。

老子说，依我看，一切都是空无。一切的一切无不是从空无中来，最后都是要回到空无中去的。一栋大厦，你看它多高大，一百年后它就会回归空无了；一座高山，你看它多雄伟，百亿年后它必定也会面目全非，回归空无的；地球似乎是坚实可靠的，但万亿年后呢？也必定会回归于空无。这宇宙之中没有不归于空无的东西，从这个角度看，我知道不作为的好处。

不作为，是不是什么都不干呢？不是，只是要随顺自然而已，任何强为都是无益的。

不言之教，无为之益，天下希及之。

不用言语说教，顺应自然而为的好处，世人很少能够做到。

为什么说教不用言语呢？因为世俗的说教都是些各执一词，不可能有谁对谁错的判定。而传播大道，用言语又是无法表达的。昔日在函谷关，伊喜跪求老子传道，才有了今天我们看到的《道德经》，但老子在第一章就说：道可道，非常道。是指道如果可以说得出来，那就不是真正的恒常不变的大道。庄子也说：道不可言，言而非也。就是说，真正的“道”是不可用言语表达的，用言语表达的就不是“道”了。

作为一个修道者，清其心，静其意，默然而顺从自然，就能获得大利益，身心就会获得大自在。

第四十四章 知足不辱

名与身孰亲？身与货孰多？得与亡孰病？甚爱必大费；多藏必厚亡。故知足不辱，知止不殆，可以长久。

名与身孰亲？身与货孰多？得与亡孰病？甚爱必大费；多藏必厚亡。故知足不辱，知止不殆，可以长久。

本章讲人要贵生重己，对待名利要适可而止，这样才会避免遇到危险。一个人的贪求越多，为此付出的代价也就越昂贵。得到的是名望与钱财，失去的是健康与性命。

名与身孰亲?

名，是指名望；身，是指性命。

名望不会从天而降，追逐名望一定要耗费性命。如此思量，我们应该是亲近名望呢，还是应该亲近性命呢？想必问一百个人，回答只有一个，那就是：性命更重要。但反观世人，又能不能找到放弃对名望追逐的人呢？几乎没有。

如此看来，道理似乎好懂，但落实到行动上就难了。

身与货孰多?

前面说，性命与名望哪个更重要呢？这里又问：性命与钱财，哪个更贵重？

记得一个故事，一个老人在海边钓鱼。一个年轻人欲跳海自杀。老人上前问道：年轻人，你是因为什么想不开要跳海呢？

年轻人说：我做生意赔了个精光，现在身无分文，不死还有什么意思呢？

老人说：我有的是钱。现在给你一百万如何？

年轻人说：这怎么可能呢？您为什么要给我钱呢？

老人说：我给你钱是有条件的。

年轻人问是什么条件。

老人说：我给你一百万，但要用刀砍去你的一只手臂。

年轻人想了想说：那我不干。砍去手臂，我不是成了残疾人了吗？

老人说：要么，我给你一千万，但挖去你的双眼如何？

年轻人说：那也不行。没有了双眼，什么都看不见，我要钱还有什么用呢？

老人说：既然你浑身都是很值钱的东西，为什么做赔了生意就要结束自己的性命呢？

这时，年轻人翻然醒悟，取消了自杀的念头。

想想自己，似乎我们总是比那个年轻人要聪明一些，不会为了钱财而自杀。但我们整天过度地追逐钱财，耗精费神，这种慢性自杀的举动又有什么高明之处呢？

现在的大多数人是不会缺吃少喝的，但为什么还要拼命地敛财呢？说到底就是一个“贪”字，其意义不过是追求银行账户数字的增加而已。

有人说，我是不用发愁了，但总该为孩子做一些储备吧。其实，对于一个小孩子来说，重要的是学习到做人和做事的本领。能把人做好，能把事做好，他们自己就会挣钱花。对于不会挣钱的人来说，父母给的钱越多，危害就越大。因为不会挣钱的人，也必定不会花钱。不会花钱又拥有钱，那么，钱很有可能使这个人走向邪恶。

“身与货孰多”？老子说，性命与钱财，哪个更贵重？这是很值得深思的。

钱财够生存之用即可，如果说用性命去换取多余的钱财，这是不是一种愚痴呢？

得与亡孰病？

得，是指追求；亡，是指放弃；病，是指问题。

那么，追求前面说的名望、钱财与放弃那些东西相比，哪个更有问题呢？名望、钱财的获得都需要耗费我们的性命，所以，学会适度地放弃才是明智的选择。

这个世界上有太多烦恼，当年有许多人，就曾经不约而同地去找过释迦牟尼，问他同样的问题：我该怎么做才能不再烦忧？

释迦牟尼给的答案也都相同：只要放下，你就能不再烦恼。

有个自以为聪明的人很不服气，便专程去找释迦牟尼，挑衅地问：“世上有千千万万个人，就有千千万万种烦恼。但是您给他们的解决方式都完全相同，那岂不是太可笑了？”

佛陀没有生气，只是反问男子：你晚上睡觉的时候，会做梦吗？

当然会！男子回答。

那么，你每天晚上做的梦，都是一样的吗？佛陀又问。

当然是不一样的。那男子说。

你睡了千千万万次觉，就做了千千万万个梦。释迦牟尼微笑着说，但是要结束梦的方法，却都是一样的，那就是：醒过来！

男子听到释迦牟尼的回答，哑口无言。

释迦牟尼和老子都是圣人，他们在不同的时间，不同的地点不约而同地向世人宣称：拥有是一种虚空，放弃是一种获得。只可惜无人真懂，更无人能行。

甚爱必大费；多藏必厚亡。

爱，是指追逐。你如果特别喜欢某个东西，就会引发你全力地去追逐，你追逐得越厉害，你生命的消耗就越多。

多藏，是世人普遍的习气，凡遇到自认为好的东西，总是不顾一切地要搞到手，而且多多益善。殊不知，你占有的东西越多，你为此付出的精、气、神就越多。有一些人到临死的时候才明白，原来自己一生苦苦贪爱和占有的东西，一样都带不走，都不过是过眼云烟而已，但为时已晚。当然，还有更多的人到死了都没有明白，这就更加可怜了。

故知足不辱，知止不殆，可以长久。

那么，我们该怎么做才好呢？老子明示了两点：知足、知止。

知足，本质上讲是指接受。这种接受没有选择，是一个人对自己拥有的职业、家庭、单位、国家、环境等各种因素的全面接纳。你做到了，你就不会遭遇屈辱，你就没有了抱怨，你就没有了烦恼。

事实上，所有的人都没有做到知足。我们不是觉得收入太低了，就是觉得房子太小了，要么说周围的人不够好。这个世界上的每个人的出现，每一件事的出现，都是有一百万个理由在其中，你的拒绝、对抗只会为自己带来屈辱。

知足不是一种被动，更不是一种消极，知足是顺应自然的人生态度，知足是了悟万象的必然选择。

知止，从字面上解释就是要知道停止。有人可能会说，为什么要停止呢？勇往直前不好吗？

老子说“知止”，是在告诉我们，任何人和任何事都是有极限的。在到达那个极限之前，知道停下来，就不会有危险。比如，一个运动员，绝不是只要刻苦就可以夺冠，有些人不懂这个道理，玩命地训练，结果大奖没拿到，小命却练没了。

卡车是个很结实的家伙，但它也有个极限，如果过度地给它施压，到了一定程度，它也会被压垮。

在教育孩子方面，就有更多的人不懂得“知止”。本来孩子就是个普通孩子，智力一般，能力一般，却偏偏逼着孩子往不属于自己的高度进发，结果是逼死了孩子，逼疯了家长。

知足、知止，这是需要一生去品味和体认的大道，你做到了，你就可以得到长久的安乐。

第四十五章 大巧若拙

大成若缺，其用不弊。大盈若冲，其用不穷。大直若屈，大巧若拙，大辩若讷，大赢若绌。静胜躁，寒胜热，清静，为天下正。

大成若缺，其用不弊。大盈若冲，其用不穷。大直若屈，大巧若拙，大辩若讷，大赢若绌。静胜躁，寒胜热，清静，为天下正。

本章讲得道的种种表现。过去谈过“反者，道之动”，就是说，道的运用总是与世人的观点相反。比如世人求刚强，道的运用却是柔弱；世人求高居，道的运用却是处下；世人求有功，道的运用却是有功不居等。这里谈的道的表现也是如此，得道的境界很高尚，但在世人眼里却是不屑一顾，而且不足称道。

大成若缺，其用不弊。

有大成就的人，看上去总觉得有缺陷，但他们与道相合，运用自如，没有瑕疵。

在世人眼里，有大成就是指挣钱多、职位高、功劳大等。但这里的大成就，是指得道。

世人总觉得得道者不够完美，他们不挣钱，也没有什么职位。但世人哪里知道，得道者心境祥和，清静安乐，这是多少钱、多高的职位都无法获得的。

大盈若冲，其用不穷。

大盈，是指周身通透，没有障碍。就像一潭满满的水，直往外流，但流也流不完，用也用不尽。

大直若屈，

大直，是指做事直来直去，没有邪意妄念。

上一章讲过“知足”。知足，本质上讲是指接受。这种接受没有选择，是一个人对自己拥有的职业、家庭、单位、国家、环境等各种因素的全面接纳。你做到了，你就不会遭遇屈辱，你就没有了抱怨，你就没有了烦恼。

“大直”是“知足”的另一种说法，“大直”是对自己面临的各种条件和事物的全面接受和本能反应，世人却觉得这样太委屈了。但世人怎会知道，直来直去地行事，心中舒畅而自在，哪里还有委屈可言？

大巧若拙，

大巧，是指自然之巧，没有雕琢，质朴无华。世人觉得这种“巧”不够好，甚至有点拙劣。于是乎，出现了人工湖、假山等造作之物。人的身上也出现了诸多假象，如假眉毛、假鼻梁、假头发等。

最大的“巧”是不巧，自然混成，方为最美佳品。

大辩若讷，

大辩，是指大辨别、大明白。到了这种高度，无所不知，无所不通，辩，已成为多余，凡遇到辩论之处，如刺在喉，不知从何下手。

一个辩论场所，沉默者，要么一无所知，要么无所不知。大辩者属于后者。

大赢若绌。

大赢，不是指赢得了生意，赢得了官职，赢得了学位。大赢，是指赢得了幸福，赢得了快乐，赢得了自在。这种“大赢”在世人看来可能是缺失，可能是惨败，但其中妙味只有得道者最清楚。

静胜躁，寒胜热，清静，为天下正。

大成、大盈、大直、大巧、大辩、大赢，都属于得道的表现。到了这个境界，无所不能，无往而不胜。就像安静可以战胜躁动，寒冷可以战胜炎热。因为内心清净，妄念不生，天下自然刚正无邪。

真正的得道者圆融无碍，自自然然，安安乐乐，哪里还有工夫去关注自己的表现与世人的评价呢？

秋山问道图（夏圭）

第四十六章 天下有道

天下有道，却走马以粪；
天下无道，戎马生于郊。
祸莫大于不知足，咎莫大于欲得。
故知足之足，常足矣。

天下有道，却走马以粪；天下无道，戎马生于郊。祸莫大于不知足，咎莫大于欲得。故知足之足，常足矣。

本章讲收心、收意、收念。念头纷飞，多是妄念，而妄念不除，就成为人类的祸根。

天下有道，却走马以粪；天下无道，戎马生于郊。

天下，是指身心；走马，是指念头；粪，是指多余；戎马，是指妄念；郊，是指处处、到处。

老子说，守道是一个人最重要的事情，你如果守道了，那么，你的念头就不见了，因为念头变成了多余。你如果不守道，那么，你的妄念就会无处不在，而这些妄念是害人的魔鬼。

一个人的妄念越少，快乐就越多。六祖惠能就说过：智如日，慧如月；智慧常明，于外著境，被妄念浮云盖覆，自性不得明朗。就是说，每个人都是有智慧的，这种智慧会让我们没有烦恼，没有灾难。但为什么我们的智慧不见了？六祖惠能告诉我们，智慧就像日月，它一刻也没有停止它的光亮，是我们执著于外境，执著于什么金钱了、权力了、美女了、名望了等，这些妄想执著，就像浮云一样把我们本来具有的智慧给覆盖住了，从而让世人在黑暗中，在烦恼中过活。

老子说，你有妄想，说明你没有得道；你如果得道了，你就没有了妄想，因为连念头都是多余的。

祸莫大于不知足，

知足，过去我们解释过，本质上讲知足是指接受。这种接受没有选择，是一个人对自己拥有的职业、家庭、单位、国家、环境等各种因素的全面接纳。你做到了，你就不会遭遇屈辱，你就没有了抱怨，你就没有了烦恼。知足是顺应自然的人生态度，知足是了悟万象的必然选择。

老子这里再次告诫世人，这个世界上，没有比不知足更大的祸患了。因为，你不知足就意味着对你所拥有的一切不接受，不接受就意味着对抗。哪里有对抗，哪里就有祸患。对抗不断，祸患不止。

咎莫大于欲得。

咎，还是指祸患；欲得，是指贪求。这里的“咎”和前一句的“祸”是一个东西；这里的“欲得”和前一句的“不知足”也是一回事。“不知足”就是因为贪求，没有了贪求，也就没有了“不知足”。

前一句老子告诉我们，不知足是最大的祸患，这一句又换个角度告诉我们，贪求同样是最大的祸患。

祸患不只是指摔断胳膊摔断腿，或者是指被人陷害，锒铛入狱。祸患更多的是指烦恼缠身，不得自在。

每一个烦恼的后面，总是有一个贪求在指手划脚；没有了贪求，也就没有了烦恼。当你烦恼滋生时，一定有一个你的贪求没有得到实现。你剔除了贪求，也就剔除了烦恼。因为，贪求是烦恼的根。

故知足之足，常足矣。

所以，知道满足，知道接受你现实拥有和面对的一切，那么，你就可以得到长久的轻松与快乐。

不少人认为，改善自身环境和条件才是快乐的增长之路。其实我们除了削弱自己的贪求，是没有其他任何路可走的。

就在几十年前，许多的中国人生活得还十分窘迫，甚至有数以亿计的人不能做到一日三餐。现在可以说，绝大多数的人们过上了吃喝不愁的生活，我们不仅能够做到一日三餐，一日吃五餐的条件都不成问题；那么，是不是大家都变得快乐了呢？我们注意到，快乐并没有随着外部条件的改善而增加，相反，烦恼倒是增加了不少。

记得有一个校长不解地问，为什么老师的工资增加一次，烦恼和抱怨就随之增加一分呢？其实回答这个问题很简单，那就是老师们工资的增加永远赶不上贪求的增加。

一个人不知道控制自己的贪求是件很可怕的事情。否则，我们处在任何优越的条件下都不会摆脱烦恼的侵袭。

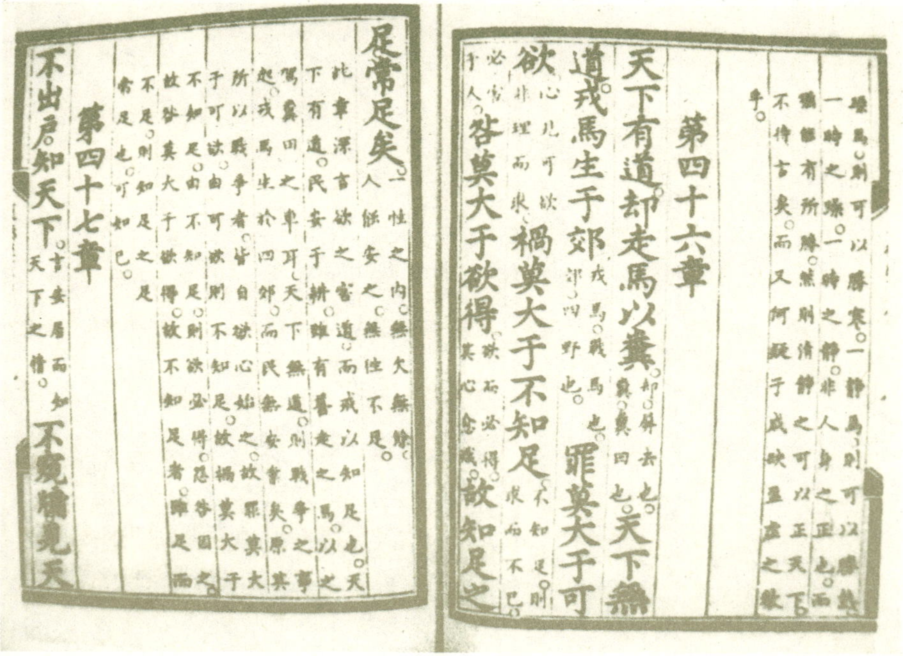

躁焉，則可以勝寒。一靜焉，則可以勝熱。一時之躁，一時之靜，非人身之正也，而猶能有所勝。然則清靜之可以正天下，不待言矣。而又何疑于成缺盈虛之數乎。

第四十六章

天下有道，卻走馬以糞。卻，屏去也。糞，糞田也。天下無道，戎馬生于郊。戎馬，戰馬也。郊，四野也。罪莫大于可欲，心見可欲，非理而求，必害于人。禍莫大于不知足，不知足，則求而不已。咎莫大于欲得。欲而必得，其心愈熾。故知足之足，常足矣。一性之內，無欠無餘。人能安之，無往不足。

此章深言欲之害道，而戒以知足也。天下有道，民安于耕，雖有善走之馬，以之駕糞田之車耳。天下無道，則戰爭之事起，戎馬生於四郊，而民無安業矣。原其所以戰爭者，皆自欲心始之，故罪莫大于可欲。由可欲，則不知足，故禍莫大于不知足。由不知足，則欲必得，恐咎固之，故咎莫大于欲得。故不知足者，雖足而不足，則知足之足常足也，可知已。

第四十七章

不出戶，知天下。言安居而知天下之情。不窺牖，見天

顺治御注道德经　清

第四十七章 不见而明

不出户，知天下；不窥牖，见天道。其出弥远，其知弥少。是以圣人不行而知，不见而明，不为而成。

不出户，知天下；不窥牖，见天道。其出弥远，其知弥少。是以圣人不行而知，不见而明，不为而成。

本章讲内心清净，妄念不生，这是大道显现的关键。世人觉得有见地是一种聪明，而圣人认为，知见是障碍大道的迷云。

不出户，知天下；

不出户，不是指足不出户，而是指念头不生。念头不生，内心自然清净，本性自然现前。天下，这里是指本性。

释迦牟尼曾经谈过成佛八正道，第一个就是树立正知见。不少人一辈子都在找那个正知见是什么；其实，真正的正知见哪里还有个知见呢？如果还有一个知见在，那就不是正知见了。

记得有一次，一个僧人问六祖惠能，是什么人得到了五祖弘忍的传授佛法的真谛？

六祖惠能说，是懂佛法的人得到了。

那个僧人又问：那么，你得到了吗？

六祖惠能说：我不懂佛法。

大家都知道，六祖惠能是个得道者。那么他为什么说自己不懂佛法呢？因为，真正的得道者哪里还知道什么是佛、什么是道呢？如果知道，那说明还有个知见在，那离成道还差很远。

这里老子就告诉我们，一念不生，念不出户，你就可以见到本性，那才是无所不知的得道的境界。

不窥牖，见天道。

窥，是指看；牖，是指窗户，泛指外境。

表面上解释为，不看外境，就能见到大道。

那么，不看外境的会是什么人呢？是瞎子。所以，不是不看，而是该看还是要看，关键是要做到看而无心，看而不被染污，看了外境而不随境转，不牵肠挂肚，也就是佛教上说的“于相无相”。

我们现在都是在随着花花世界打转转，看到外面的万象，总是心潮澎湃，激动不已，恰恰是这些东西遮住了天眼，障碍了大道。

其出弥远，其知弥少。

这句话不能解释为：出门越远，知识就越少。

出，还是指念头的蠢蠢欲动；知，是指大智慧。就是说，你的念头动得越厉害，你的智慧就越少。别人的念头在生活的周围动，你的念头动到了火星、冥王星，那你就动吧，反正，你念头跑得越远，你的智慧就越少，可能你认为自己挺聪明的，其实不过是个活受罪的俗人而已。

大智慧，是指体认到了大道后的那种完全没有系缚的自在和喜乐。现在所谓的发明创造，造轮船、汽车，建高铁、核电，这都属于巧智，都属于小聪明，都是自掘坟墓的妄举。因为，它们最终不会为人类带来幸福，只会带来灾难。

是以圣人不行而知，不见而明，不为而成。

所以，得道者不会动念，不会围着外境转，也不会违背自然而作为，正因为这样，他们才真正了知本性，明达通透，成就道业。

我们经常说，某某人心可细腻了，想问题很是周到。其实换个角度说，这类人就是念头动得最凶的，其中大多数人比一般人更容易出现焦虑和睡眠障碍。反之，有些人想问题很粗，属于没心没肺的那一类，而这些人偏偏是身体好，烦恼少，快乐多。从这个点切入理解本章内容，或许会有更多启迪。不说得道，当下受益是完全可能的。

葑泾访古图 （董其昌）

第四十八章 为道日损

为学日益，为道日损。损之又损，以至于无为。无为而无不为。取天下常以无事，及其有事，不足以取天下。

为学日益，为道日损。损之又损，以至于无为。无为而无不为。取天下常以无事，及其有事，不足以取天下。

本章教人复归浑沌、返于上清无浊的得道境地。借学言道，说明亲道之有益。

为学日益，为道日损。

这里的“学”，不是学习世间的知识，而是指亲近道法，明了圣意。一切修行人的第一步无不是先要闻听圣人说法，再依法而行，获得身心的大自在。

当然人与人之间的根性各有不同，有人听法知法，有人听法迷法；有人听法不受，有人听法反生抗拒。

为学日益，就是说你不仅有机会听法，而且有兴趣不断地去学习，对道法的掌握越来越多。那么，为道日损，就是说，你越来越接近于道，你世俗的习气也会越来越少。损，是指减少。

损之又损，以至于无为。无为而无不为。

人的习气是最难剔除的，但只要亲近大道，习气就会减少。大道就像一面镜子，它会折射出我们习气的丑陋，让那些我们本以为可以引发享受的习气逐步失去昔日的魅力。这样一来，习气就会减少再减少，最后达到无为的地步。

无为，是《德道经》中多次出现的一个概念，也是非常重要的一个概念，了解了“无为”，就清楚了人该往哪里去，因为，“无为”是修道的最终目标和最高境界。

无为，绝不是不做事，而是要求顺应自然地去做事，并且做到心无强求，亦无妄念。无为，是一种更从容、更高效的做事方式，做到了这一点，于人于己都有益。

春秋战国时期越国大将军范蠡，可以说就是无为而治的典范。当年吴国与越国发生了战争，越国惨败，就在这时，范蠡投奔越王勾践，经过二十年的努力，越王勾践在范蠡的策划下，不仅复了国，而且灭了吴。此时的范蠡位居一人之下，万人之上，本应该有更大作为，但范蠡却选择不辞而别，飘然而去，这实在是令世人不解。

其实，范蠡很清楚越王勾践的为人，他可以与人共苦，但不能与人同甘。如果范蠡再继续帮助越王，那么，他不会有任何作为，甚至连性命都难保。

据说，范蠡是个得道高人，他该进则进，该退则退，这就是老子“无为”思想的巧妙运用。后有记载，范蠡以贫民身份经商，也取得了巨大成功，被称为中国儒商的鼻祖。

谁能说范蠡没有做事呢？他顺势而为，从容不迫，真正做到了无为而无不为。

取天下常以无事，及其有事，不足以取天下。

天下，是指身心。无事，不是指没有事情，而是指心中无事。事还是要做，按照现有的各种条件去做，做了也就做了，心无挂碍，就像一面镜子，物来则应，物去不留，不因来而喜，不因去而悲。

取天下，就是指自己做了自己的主。能做得了自己主的人，常常是做事而心中无事，做事而不为事所困。

但反过来说，如果你心中有事，总是放不下，那么，你就会心随境转，不得自在。

这个世界上没有几个人能够做得了自己的主，有人围着金钱转，有人围着权力转，有人围着房子转，有人围着感情转。一个人围着什么转，就说明他一定在那个方面有贪求，贪求不剔除，一辈子注定要转下去，永远“不足以取天下”，当不了自己的家，返归不了清安自在之身。

疏林茅屋图　元（张观）

第四十九章 圣人常无心

圣人常无心，以百姓心为心。善者，吾善之；不善者，吾亦善之。德善。信者，吾信之；不信者，吾亦信之。德信。圣人在天下，歙歙焉，为天下浑其心。百姓皆注其耳目，圣人皆孩之。

圣人常无心，以百姓心为心。善者，吾善之；不善者，吾亦善之，德善。信者，吾信之；不信者，吾亦信之，德信。圣人在天下，歙歙焉，为天下浑其心。百姓皆注其耳目，圣人皆孩之。

本章讲得道的人没有世欲之心，没有分别之心。烦恼来自“我”认为这好那坏，这香那臭，没有了分别，也就没有了烦恼。

圣人常无心，以百姓心为心。

圣人，是指得道了的人；无心，是指没有我执我见；百姓，是指芸芸众生。

得道了的人永远没有了我的主观、我的执著，总是平和地对待众生的种种想法。

有一句话叫“众口难调”。就是说每个人都有各自的观点、看法。得道了的人知道，每个人的想法都不是凭空而来，都有他独特的背景支持，于是，全部包容，全部接纳，不会认为某某好，或者某某不好。

善者，吾善之；不善者，吾亦善之，德善。

老子不仅主张以德报德，而且主张以德报怨。就是说，用善好对待善好，对不善好的，也同样用善好去对待。这样的结果是：得到善好。德，是指得。

释迦牟尼讲，种什么因，得什么果。这里老子说，种善得善。看来圣人的说法真是惊人地相似。

种善犹如存款，也许你不是随时可取，但到期一定是可以取的。

记得有一个西方女孩，未婚先孕，并生下一个男婴。父母逼着问孩子的父亲是谁。女孩无奈之下说：是神甫的。女孩的父母抱着那个男婴去找神甫，把神甫大大地羞辱了一番，然后把男婴扔给了神甫。神甫一句话也没说，默默地承受了这一切。

那个女孩在内心极大的负罪感中度过了一天又一天，几年后，她再也无法忍受，终于对自己的父母说，神甫是冤枉的，男婴的父亲另有其人。

这件事的前前后后对于无心无别的神甫来说，没有任何的伤害，他心中依然那么平静，那么安详，不同的是，他从此获得了更多的爱戴与敬重，因为，他播种的是善，他收获的一定也会是善，而不会是别的。

信者，吾信之；不信者，吾亦信之，德信。

诚信者，我以诚相待，不诚信者，我还是以诚相待，结果我得到的一定是诚信。

现代社会的诚信行为显得尤为珍贵，因为不诚信行为比比皆是。于是有人说，大家都不讲诚信，我再坚守诚信就会吃亏。其实，每个人都是在按照对方的行为方式在行事，即便是一个不讲诚信的人，他在诚信者面前也会表现出诚信的行为。讲诚信吃亏总是暂时的。

播种诚信，必然会收获诚信。

圣人在天下，歙歙焉，为天下浑其心。

歙歙焉，是指无心无我的样子；浑，有调和的味道。

得道的人活在世间，无心无我，悠然自得，是世间执著心的润滑剂。

有时候我们会有这样的体会，和一个内心很宁静的人在一起，我们也会随之变得安静下来，这就是“无言之教”，这就是“为天下浑其心”。

百姓皆注其耳目，圣人皆孩之。

芸芸众生，无不关注自己的所闻所见，而得道了的人却像个缺心眼的孩子。

世人追求见多识广，而得道者却像个一无所知的婴儿。

一个连自己卡里有多少钱都不清楚的人，往往是快乐的。看来，少点心眼、多点糊涂不失为一种智慧。

上善若水

第五十章 出生入死

出生入死。生之徒，十有三；死之徒，十有三；人之生，动之于死地，亦十有三。夫何故？以其生生之厚。盖闻善摄生者，陆行不遇兕虎，入军不被甲兵；兕无所投其角，虎无所用其爪，兵无所容其刃。夫何故？以其无死地。

出生入死。生之徒，十有三；死之徒，十有三；人之生，动之于死地，亦十有三。夫何故？以其生生之厚。盖闻善摄生者，陆行不遇兕虎，入军不被甲兵；兕无所投其角，虎无所用其爪，兵无所容其刃。

本章谈论的是生死观念的问题。生死观念越强，就越容易死，生死观念越淡，就越容易生。老子告诉我们，了断生死才能够获得永生。

出生入死。

一个人有生就会有死，但每个人都不想死，永生是古今人类孜孜追求的目标。道家文化满足了人们的这一心愿，你可以永生，只要你努力去做。

但永生不是永远不死，永远活在这个世界，永生是指你心里已经没有了生死的观念，永远地把生死的问题从自己的心中剔除了，这就叫做永生。

我们总是活在生死的观念里，逢生则喜，逢死则惧。要想断生死是件非常困难的事情，不少人出家专修一辈子也没有最终做到。

生之徒，十有三；死之徒，十有三；人之生，动之于死地，亦十有三。

这个世界大约有三分之一的人活在生的观念里。年轻人结婚了就盼着生子，整天想着怎么饮食，怎么调整心情，怎么生出个健康的小宝宝。

还有大约三分之一的人活在死的观念里。老年人就特别惧怕死，你千万别信他们说“我怎么不死呀”这一类的言辞，其实，最怕死的就是他们。

不断生死，没有哪个人不在思考死的问题，也没有哪个人不惧怕死亡的来临。过去我们看过执行死刑的场面，那些作恶多端、胆大包天的家伙，虽然他们常说自己天不怕地不怕，但真的到了执行的那一刻，不少人吓得不能站立，尿裤裆的也大有人在。

老子说，还有大约三分之一的人，比如中年人，他们似乎活在生死之间，但整天有心妄为，消耗精、气、神，离死也不会太远。人至中年，过度操劳，时有身体不适，便开始唉声叹气，担忧老之将至。担忧老，就是担忧死。

夫何故？以其生生之厚。

中国有句老话，叫“好死不如赖活着”。为什么每个人都怕死呢？是因为我们每个人都过分地在关注生。

盖闻善摄生者，陆行不遇兕虎，

善摄生者，是指断了生死的人；兕，是指独角的犀牛。

断了生死的人，就是遇到野兽都不会受到伤害。

不遇，不是说遇不到，而是说遇到了也不会有危险。野兽攻击人往往是因为人的惊恐、躲避、逃跑等行为的刺激，对于断了生死的人，看到老虎就跟看到温顺的小猫差不多，反应很平淡。那么，这个人在老虎眼里就是个木桩子，根本激不起它的兴趣。

中国的历朝历代都有不少隐士，他们基本上都是一个人独处山林，毒蛇从身边爬，野兽在身后走，但他们安然无恙。这就是“陆行不遇兕虎”。

对于没有断生死的人来说，你千万不要学习古人深山独修的超然，否则你成为兕虎腹中之美餐是必定无疑了。

入军不被甲兵；

断了生死的人，就是身处战场，也不会被伤害。

我们看古代的战争电影，似乎乱糟糟的，其实一点都不乱，每个人的一枪一剑都是有所指的。断了生死的人，他时时表现出的都是祥和，不会给任何人带来危险，他在战场上出现，就像是一块大石头，人们都在忙着攻击各自的敌人，哪里还会有工夫去伤害一块石头呢？

兕无所投其角，虎无所用其爪，兵无所容其刃。

断了生死的人，就像是一摊水、一团气，犀牛想顶他都找不到下角的地方，老虎想抓他都找不到下爪的位置，你拿起兵器想砍他都不知砍向哪里。

了断生死，往往是只有得道者才能够做到，而得道者是神奇的。庄子就说，得道者遇火不焚，遇水不溺，雷电把山川劈开了都不会受到惊吓。这种境界我们是很难触及的，既然触及不到，轻易地否定似乎也有失公允。

但有一点是可靠的，得道者顺道而为，很清楚哪里有危险，提前回避就变成了可能。比如得道者不会逞强，不会争利，不会凸显自我，不会居功自傲，这些都是安乐无险的法宝。

夫何故？以其无死地。

为什么有人于任何情景中都是安全的呢？就是因为他们没有了生死的观念。他们不知何为生，不知何为死，这样就活在了永生之中。

我们之所以会有危险，是因为我们会给周围带去危险。我们可能会与他人争食吃，争官当，争感情，争利益，当我们给别人带去危险的时候，其实就是我们自身危险的时候。生死是人的大事情，生死都断了，一切贪求都会自然了断，这样我们才能真正做到“置之死地而后生”，真正做到永生。

第五十一章 尊道而贵德

道生之，德畜之，物形之，势成之。是以万物莫不尊道而贵德。道之尊，德之贵，夫莫之命而常自然。故道生之，德畜之，长之育之，亭之毒之，养之覆之。生而不有，为而不恃，长而不宰。是谓『玄德』。

道生之，德畜之，物形之，势成之。是以万物莫不尊道而贵德。道之尊，德之贵，夫莫之命而常自然。故道生之，德畜之，长之育之，亭之毒之，养之覆之。生而不有，为而不恃，长而不宰。是谓“玄德”。

本章教人听其自然，不可矫揉造作。尊道贵德不仅是万物之根本，更是做人之根本。了知“道”性，方可通达天地。

道生之，德畜之，物形之，势成之。

道是根本，德是外用。道要靠德来体现。畜，是指扬、养。

无，乃道。道从“无”中生。德，体现了道的特性。没有德，不知何为道。我们具备德，其实就是具备了“道”的品质。

有了道，之后才有了德的彰显，再之后才有了万物成形，并成气候。势，是指规模、气候。假如一木是“物形”，那么森林就是“势成”。

是以万物莫不尊道而贵德。道之尊，德之贵，夫莫之命而常自然。

因为是道化育了一切种类，所以，万物无不以道为尊，以德为贵。

为什么要以道为尊，以德为贵？理由是大道没有任何强制，永远随顺自然。命，是指强制。

故道生之，德畜之，长之育之，

有了道，又有了德的体现，随之便有了运动变化。“长之育之”，是指运动变化。

这个世界上没有什么东西是不变的，唯一不变的是变化。佛家称这种现象为“无常”。

既然一切事物都是变化的、流动的，那么，执著就变成毫无必要。因为流动的东西是不可靠的，执著于不可靠的东西显然是一种痴迷。

人类的许多苦恼都是来自于执著，而我们所执著的所有东西却又是瞬息万变的。今天执著的，明天却变得毫无意义，今年执著的，明年又变得面目全非。老子多次告诉我们，要随顺自然，什么叫随顺自然呢？就是随顺变化，不要执著，不要逞强，不要妄动。

亭之毒之，

亭之毒之，是指万物纷呈，各有不同。亭，是指呈现；毒，是指独，独到。

德国哲学家莱布尼茨(1646—1716)曾经当过宫廷顾问。据说，有一次他在宫廷中讲学，说：“凡物莫不相异。”意思是说“天地间没有两个彼此完全相同的东西”。

宫女们听了这番话，纷纷走入御花园，去寻找两片完全没有区别的树叶，想以此来推翻这位哲学家的论断。结果，她们当然大失所望，谁也没有找到这样的树叶。粗看，树上的叶子似乎完全一样，可是仔细一比较，却是大小不等、厚薄不同、色调不一、形态各异。这就是“亭之毒之”。

养之覆之。生而不有，为而不恃，长而不宰。是谓“玄德”。

养之覆之，是指生灭。万物有生就有灭。生就意味着灭，灭就意味着再生。

无论是运动变化，还是五彩纷呈，抑或是生生灭灭，这些无不出自大道。但大道生化万物，从不把任何一样东西占为己有，它无所不能却不居功。假如宇宙间有一个领袖的话，那一定是大道，但大道从不认为自己是主宰。道的这些体现，真是最玄妙的大德。

《德道经》全文都在告诉我们什么是道，以及让我们效仿“道”而“作为”。这一篇更是为我们修道指明了方向。

西王母祖庙

第五十二章 没身不殆

天下有始，以为天下母。既得其母，以知其子；既知其子，复守其母。没身不殆。塞其兑，闭其门，终身不勤；开其兑，济其事，终身不救。见小曰『明』，守柔曰『强』。

天下有始，以为天下母。既得其母，以知其子；既知其子，复守其母。没身不殆。塞其兑，闭其门，终身不勤；开其兑，济其事，终身不救。见小曰“明”，守柔曰“强”。用其光，复归其明，无遗身殃，是为“袭常”。

本章讲物有本末，事有终始，知有先后。告诉世人，返本还元，归于太虚，方能平和安泰。

天下有始，以为天下母。

天下，是指人身；始，是指大道。

大道化育万物，也化育人身，它是人类最初的母亲。

既得其母，以知其子；既知其子，复守其母。没身不殆。

既然大道是人类的母亲，那么，作为大道的孩子，我们就应该知道该怎么做了。那就是：回过头依附母体，坚守大道。只有这样，才能够终身没有危险。

《德道经》多次谈到道，道的性质包括：少言、无形、柔软、清静等。所谓坚守大道，其实就是要效仿大道的这些品质，你做到了，你就可以安然无忧。

塞其兑，闭其门，终身不勤；

兑，是指口。塞其兑，简单的解释就是：闭嘴，少说话。

道家有句话这样讲：口开神气散，舌动是非生。塞其兑，就是要我们寡言惜气，远离是非。

细细想来，每个人都有这样的体会，自己的许多烦恼、不幸都是自己的言语惹的祸。有时候随意的一番话激怒了朋友，有时候顺口的一句话伤害了亲人。

庄子也曾经用不少的文字告诫世人，说话一定要小心谨慎，不然会惹祸上身。做到不说花里胡哨的无意义的话，不说有损他人的话，不说假话，不说不利于和睦的话。即便是真实的善言，也要碰到合适的时候、合适的人、合适的地点、合适的情景才说。

很多人说话，只是图一时痛快，根本没有考虑到语言对他人、对自己都是一种祸患，所以，老子提出“塞其兑”，让我们少说话，效仿大道无言的品质。

闭其门，是指少听少看，即便是听了看了，也不被迷惑，不被染著，不为所动。门，是指耳目。

世人总是跟着眼睛看到、耳朵听到的东西打转转，其实我们听到、看到的都是些变化无常、虚幻不实的假象。闭其门，就是要让我们身心清净，不受外界扰动。

做到了“塞其兑，闭其门”，就能终身不勤，就是说可以终身不操劳、不忙乱，处于安闲无事的状态。

开其兑，济其事，终身不救。

反过来说，一个人要是多言、多听、多看，恨不得把天下的事情都做了，那他就没救了。为什么没救？理由是与道不合，背道而驰。

见小曰“明”，守柔曰“强”。用其光，复归其明，无遗身殃，是为“袭常”。

能够了知大道的无形、无声就算是真明白；能够坚守大道般的柔软就算真强大；能够用大道的光芒，再达到大道的境界，就不会有任何的麻烦和灾难。这就叫沿袭大道而作为。常，指道。

道本不可言，也不能言。但老子西行归隐途中，在函谷关遇到伊喜求道心切，只好勉强论道，留下五千言。

五千言反复说两件事：一是何为道，二是依止道。

道虚无空灵，一时悟便得，终身迷便失，全看各自根性。根性利者闻道则悟，根性钝者圣人亲授也迷。

本章再谈依道而行，行与不行，因人而异，各不相同。

山水画 （八大山人）

第五十三章

行于大道

使我介然有知，行于大道，唯施是畏。大道甚夷，而人好径。朝甚除，田甚芜，仓甚虚；服文彩，带利剑，厌饮食，财货有余，是谓盗夸。非道也哉！

使我介然有知，行于大道，唯施是畏。大道甚夷，而人好径。朝甚除，田甚芜，仓甚虚；服文彩，带利剑，厌饮食，财货有余，是谓盗夸。非道也哉！

本章讲逆道而行，犹如强盗，这种强盗是自己偷自己，他们不可能拿走自然界中的任何东西，但却拿走了自己的精、气、神，丢掉了卿卿性命。

使我介然有知，行于大道，唯施是畏。

老子说，假如我有一点点智慧的话，那就是按照大道的轨迹运行，只尊重大自然的施与，生怕做了与大道不合的事情。

大道甚夷，而人好径。

大道是十分宽广平坦的，没有那么多的拐弯抹角。平常即是道，简单即是道。但世人却喜欢走小路，走邪路，无论什么事都追求标新立异，花花肠子一大堆，结果是竭尽心智，耗神费力，看似有功，实为大害。

朝甚除，田甚芜，仓甚虚；

除，当“锄”字用，是指忙碌。朝甚除，是指一天从早到晚都在忙，有事要忙，无事想办法找事也要忙，这与大道悠然从容的样子相去甚远。

田，是指福田，即是人本来具足的道性。田甚芜，就是说福田被荒废了。我们越是奔波，福田荒废得就越厉害。

仓，是指收获。仓甚虚，是指世人整天忙个不停，争斗个不停，但全无收获。为什么这么说呢？因为，自然界的每一样东西都是变化不定的，就连我们自己也在不时地流动，所以，世人执迷不悟，想抓住流动的万物为己有，这就像是去抓流动的风，怎么可能会有实际的收获呢？

服文彩，

世人喜欢穿华丽的服饰。为什么喜欢穿华丽的服饰呢？就是因为要凸显一个“我”，有了“我”，痛苦、烦恼就有了依附之所。现在的不少人不只是在服饰上下工夫，而且玩出种种花样，在自己的身体上下工夫。有的染发，有的美甲，有的接眉，有的文身，赤裸裸一个假人。

一个人假的东西越多，真的东西就越少。

带利剑，

利剑，是指锋芒。带利剑，是指人人不甘落后，处处显示自己的锋芒。显示，本来就不好，显示自己的强项就更加危险。人就像是一滴水，只有隐藏在茫茫大海中才可以长生，把自己推到一个高点，那只能说是自寻短见。

厌饮食，

过度追求饮食，这也是世人的一个顽症。老子不是不让人吃饭，但不可贪多，不可贪奇。现代科学也证明，人类的许多病都是吃出来的，过度追求饮食，只会激发猎奇，乱了心志。

财货有余，是谓盗夸。非道也哉！

人生在世，够用就好。对钱财的过度聚敛是人类贪婪心的集中表现。庄子说过：鹪鹩巢于深林不过一枝，偃鼠饮河不过满腹。是说小麻雀在森林里建个窝，真正需要的就是一根树枝而已，田鼠到河里喝水也不过一肚子。

人其实需要的资源也是非常有限的，大家操劳忙碌，希望占有更多的财富，大部分是没有必要的。这种行为老子称其为“盗夸”，就是小偷。不过这种小偷，不可能偷走自然界中的任何东西，自然界中的东西是只能用而无法带走的。这种小偷偷走的是自己的道性以及自己的幸福与快乐。因为那些行为都是与大道不符的。

世人都是小偷，凡人偷为己有，圣人只用不留。

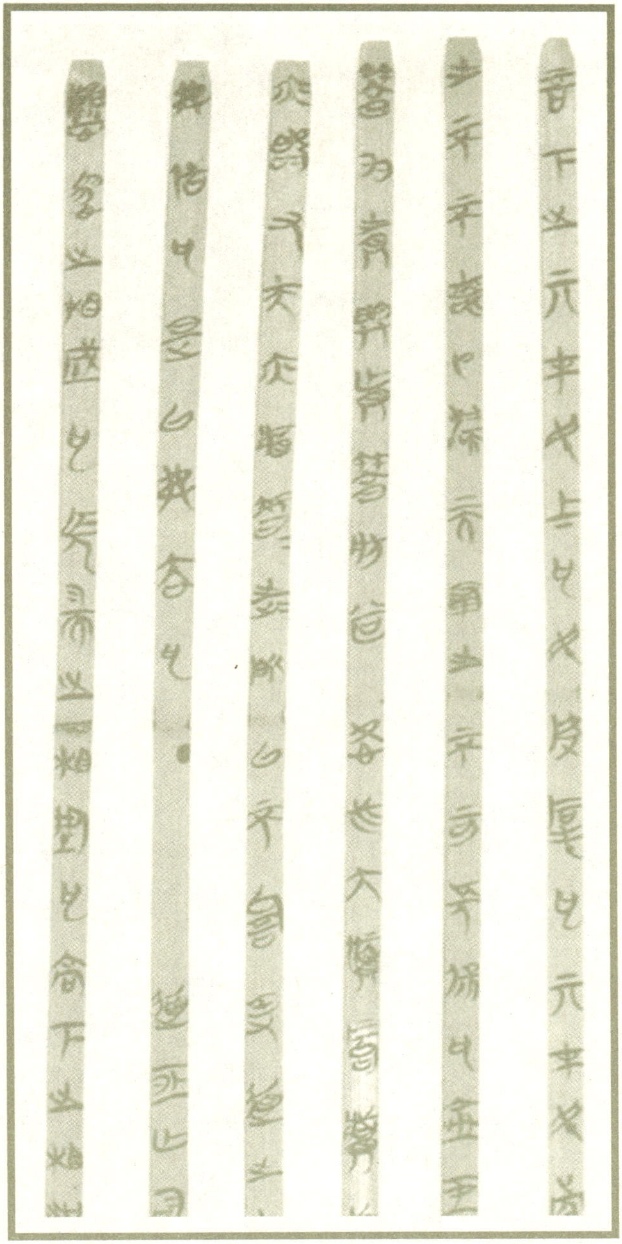

老子道德经　竹简

第五十四章 善建者不拔

善建者不拔，善抱者不脱，子孙以祭祀不辍。修之于身，其德乃真；修之于家，其德乃余；修之于乡，其德乃长；修之于邦，其德乃丰；修之于天下，其德乃普。

善建者不拔，善抱者不脱，子孙以祭祀不辍。修之于身，其德乃真；修之于家，其德乃余；修之于乡，其德乃长；修之于邦，其德乃丰；修之于天下，其德乃普。故以身观身，以家观家，以乡观乡，以邦观邦，以天下观天下。吾何以知天下之然哉？以此。

无为，是《道德经》中的重要理念，本章再次提起，生怕世人淡忘。无为，可以理解为顺势而为，也可以理解为无心而为。做到了不刻意而为，不逆道而行，这就是“无为”的境界。

善建者不拔，

第二十七章中老子谈到“善行，无辙迹；善言，无瑕谪”。善行，就是不行、不为。有行、有为，必定会留下痕迹。或者，把那个“我”隐藏起来，按照自然的轨迹去行、去为。

善言，就是不言。有言论就必定有争执，有问题。谁对谁错永远无法判定。或者，放下“我见”，只说真话。就像佛教提倡的不恶口（不出言不逊）、不两舌（不拨弄是非）、不妄语（不说假话）、不绮语（不说华丽无用的话）。

这里又说，善建者不拔。建，可以理解为建设；拔，是指倾覆、倒闭。再好的建设者，他们所完成的作品没有不倾覆的，也没有不倒闭的。最高明的建设者是不建，不建也就无所谓倾覆，无所谓倒闭。

中国从古至今每个人都希望有自己的房子，而且在古代都是自己亲自建设。但世上没有不垮的房子，你建起的那一天就意味着倒塌的开始。所以，修行人处处无家处处家，睡卧于不建之处，或山水之间，或菩提树下，不建则不拔。不建才是善建。

老子多次谈到“无为”，这里的“善建”，就是“无为”思想的再次体现。

善抱者不脱，

抱，是指拥有；脱，是指丢失。最善于拥有的人是不拥有。前面老子说过：无执则无失。也就是说，要想不丢失，那只有一种情况：不拥有。你只要拥有了，就不可能不丢失。古往今来，哪一个帝王不是国家的拥有者？只可惜，江山依旧，主人不在。

庄子曾说过，藏舟于壑，藏山于泽，谓之固矣。然而夜半有力者负之而走，昧者不知也。藏小大有宜，犹有所遁。若夫藏天下于天下而不得所遁，是恒物之大情也。

意思是说，生死是一种很平常的现象，生是瞬间的事，其实，死也是瞬间的事。只是有不少人不知道这个道理，总觉得生命很长，甚至把它看成是永远地存在着的，于是乎拼命地把这个世界上的好东西据为己有，捞名、捞钱、捞权，然后想方设法去找个秘密的地方隐藏起来，生怕丢了。庄子说，你们别再藏了，藏不住的，因为连你们找的那个藏处都是不可靠的。把一条船藏到深山里，把大山藏到太平洋里，这总应该说是可靠了吧，然而当你还在睡大觉的时候，有个大力士把地球都背走了，你恐怕还在做梦吧。

我们想要隐藏的任何东西都不外乎在这个地球之上，但庄子告诉你，地球也是有生命的，它也会消亡。地球还是个好动的家伙，你把东西藏于一个变动不定的地方，那与刻舟求剑的那个傻子还有什么两样呢？

把小的东西藏到大的地方总是合适的吧，但还是会丢失的。因为天体都在动，都不可靠。怎么办呢？庄子说，只有把天下藏到天下才不会丢失，这才是符合自然的永恒的至理。什么叫“藏天下于天下”呢？其实就是不藏，不拥有，一个东西该放哪就放哪，不拥有也就不会丢。

对于人来说，“藏天下于天下”是指人也不可到处游动，要回到人的本性上来。佛教讲“明心见性”，就是让我们别乱跑，坚守虚空的本性，这样你才能获得人身的彻底解脱。

善抱者不脱，同样是在说明无为的重要。

子孙以祭祀不辍。

老子说，子子孙孙都要信奉“无为”的思想，不可中断。不走“无为”之路，反之便是妄为，妄为离道，害人害己。

修之于身，其德乃真；修之于家，其德乃余；修之于乡，其德乃长；修之于邦，其德乃丰；修之于天下，其德乃普。

如何理解“无为”是这一章的关键所在。因为用“无为”的思想去修身，德行才会纯真；用“无为”的思想去治理一个家，德行才会充盈；用“无为”的思想去治理一个乡，德行才会久长；用“无为”的思想去治理一个城邦，德行才会丰厚；用“无为”的思想去治理天下，德行才会无处不在。

故以身观身，以家观家，以乡观乡，以邦观邦，以天下观天下。吾何以知天下之然哉？以此。

所以，修身，治家，治乡，治邦，治天下，都要看是否与“无为”的思想相一致，时时对照，无使懈怠。怎么知道天下的事情都是这个样子呢？就是因为，“无为”没有缺失，“无为”符合大道。

记得有一个富翁，临死时交代，他死后，要在他的棺材两边凿两个洞，把自己的双手放置洞外。他说，我要让世人看到，我活着时拥有很多，但死后没有带走任何东西，以给后人警示。

世人都是追求有所作为的，或开山挖矿，或掘地采油，奔波忙碌，苦不堪言，结果是破坏了自然，衰竭了身心，到最后双手一摊，赤条条来又赤条条去，全是一场空忙碌，这实在是做人一回的遗憾。

第五十五章 含德之厚

含德之厚，比于赤子。毒虫不螫，猛兽不据，攫鸟不搏。骨弱筋柔而握固，未知牝牡之合而朘作，精之至也。终日号而不嗄，和之至也。知和曰常，知常曰明，益生曰祥，心使气曰强。

含德之厚，比于赤子。毒虫不螫，猛兽不据，攫鸟不搏。骨弱筋柔而握固，未知牝牡之合而朘作，精之至也。终日号而不嗄，和之至也。知和曰常，知常曰明，益生曰祥，心使气曰强。物壮则老，谓之不道，不道早已。

本章以赤子来比喻得道的境界，告诉世人，只有像赤子那样纯真柔和，才能使人精力充实饱满，才能防止外界的各种伤害和免遭不幸。如果纵欲贪生，使气逞强，就会遭殃，危害自己，也会危害别人。

含德之厚，比于赤子。

得道了的人就好像是刚刚出生的婴儿。含德之厚，是指得道；赤子，是指刚出生的婴儿。

人类的事情很有趣，刚出生时，每个人都是无心、无意、无情，没有好坏分别，没有远近亲疏。但随着与外境的接触的增多，人们开始有了自己的观点，自己的意向，自己的情感。这似乎是只有人类才有的良好品性。而终于有一天，人类中有极其少数的人翻然醒悟，原来我们的痛苦烦恼恰恰来自于此，于是他们带领人们修行，修行就是要让人类重新回到赤子般无心、无意、无情的状态。这些人就是宗教家。

老子作为中国道教的教主，这里他提出“得道了的人就好像是刚刚出生的婴儿”，分明也是在指导我们修行的方向。

毒虫不螫，猛兽不据，攫鸟不搏。

道可道，非常道。大道是无法言说的。

那么，得道者又会有什么样的神奇功能？我们没有得道，当然也无法了知。无法了知就不敢瞎说，更不能轻易否定。

这里老子说，得道了的人，即便是毒虫、猛兽、凶禽都不能伤害到他们。常人是很难理解这种说法的。但有一些事实我们又不能不信。古时得道者，大都愿意远离世间，独享山林。古代的山林不像现在，那时毒虫、猛兽、凶禽随处可见，如果不能达到“毒虫不螫，猛兽不据，攫鸟不搏”的程度，那些隐居者不是自投虎口？即便是人口密集的现在，又有几个人能安然独居于山林之中？

据说，释迦牟尼为了觅得大道，独自在山中静坐了六年。其间深夜常常有毒虫、猛兽在身边游动，但他却毫发无损。这或许就是老子说的“毒虫不螫，猛兽不据，攫鸟不搏”的境界。信与不信，全凭个人造化了。

骨弱筋柔而握固，未知牝牡之合而朘作，精之至也。

得道了的人就像赤子，骨筋俱柔，但抓取坚固。握，就是指抓取；固，就是指坚固。什么叫抓取坚固呢？就是不抓、不取，因为不执则不失。

赤子不恋万物，不执万象，哪里还会去染著男欢女爱？哪里还会因此动心、动意、动情？这就是精一不二，这就是妄念不生。

牝牡之合，是指男女情爱。

终日号而不嗄，和之至也。

赤子整天嚎哭而不沙哑，犹如得道者终日做事而不损精神。这就是阴阳之和，这就是通顺自然。

现代心理学研究也表明，人类疲劳素的分泌大多是因为心理上的紧张感所致，而紧张感又是因为我们在用心、用意、用情的缘故。

知和曰常，知常曰明，益生曰祥，心使气曰强。

要知道只有和顺，即与自然相符，不强为，不妄为，才能够久长；知道这种久长，就是一种大智慧、大明白；久长的和顺有益人生，这就是吉祥。用心使气，这就叫逞强。

物壮则老，谓之不道，不道早已。

壮，还是指强。万物表现出强大，就意味着走向衰败，人类也是一样，为什么呢？因为与大道的柔弱性质不符，既然不符合“道”，那就会早完蛋。

世人求强大，苦海无边；圣人取柔弱，自在无穷。历代强大的帝王分崩离析，古今柔弱的圣人光辉长存，这就是明证。

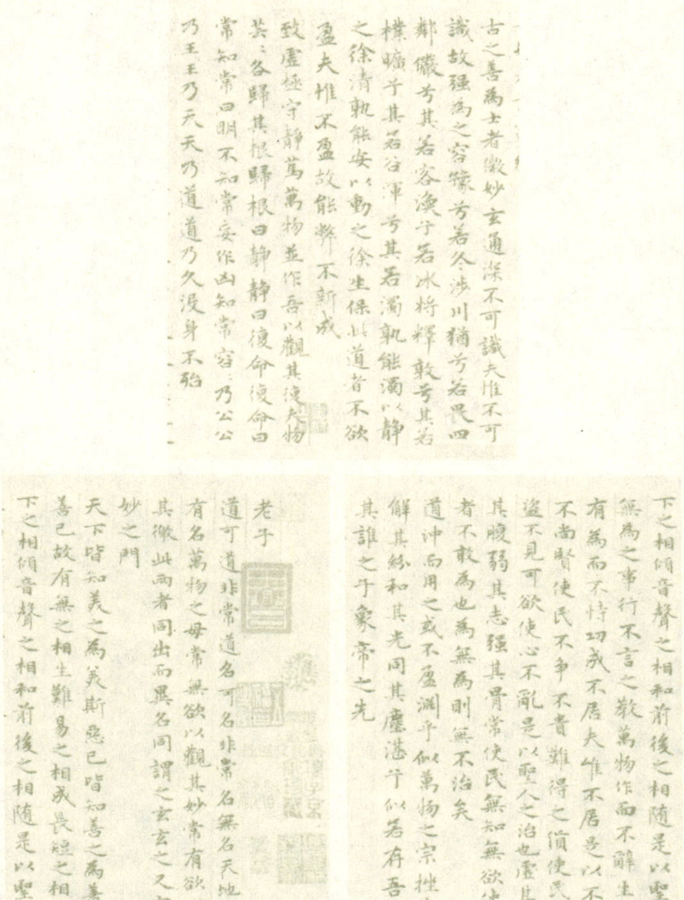

赵孟頫小楷《老子道德经卷》

第五十六章 知者不言

知者不言，言者不知。塞其兑，闭其门，挫其锐，解其纷，和其光，同其尘，是谓“玄同”。故不可得而亲，不可得而疏；不可得而利，不可得而害；不可得而贵，不可得而贱。故为天下贵。

知者不言，言者不知。塞其兑，闭其门，挫其锐，解其纷，和其光，同其尘，是谓『玄同』。故不可得而亲，不可得而疏；不可得而利，不可得而害；不可得而贵，不可得而贱。故为天下贵。

本章讲大道无形无声，无色无味，不可言说。言说必落于迹象，言说必陷入分别。与大道相合，何用高谈阔论？又何用争辩不休呢？

知者不言，言者不知。

知，是指了悟。知，不是指懂得世间学问一大堆，更不是花哨巧智一箩筐，而是指了悟大道。

真正了悟大道的人往往是不轻易说话的。为什么呢？因为大道本空，空无 其形，空无其声，任何言语都是无法如实表达大道的。这就像是没有吃过苹果的人，你无论如何对他述说苹果的味道，他也不可能有真切的体验一样。

在大道面前，语言显得极其苍白无力。能够用语言说出来的绝不是大道的本来面目。

塞其兑，闭其门，

兑，是指口。塞其兑，简单的解释就是：闭嘴，少说话。

这句话在第五十二章中出现过，由于大道难懂，圣人说法时重复强调也是正常的，所以这里我们给予了保留。

挫其锐，解其纷，和其光，同其尘，是谓“玄同”。

道能挫败一切锐利，能解除一切纷扰；能融合一切光亮，能与一切尘埃同存。它似乎无所不在、无时不在。很难说它是从何而来，在一切现象出现之前就有了它。

以上是外说。内说是指，在冥冥之中，恢复我本来面目，回归于无始之先，合道于我，合我于道。不挫其锐，不解其纷，无锋可挫，无纷可解，到达和光、同尘之寂静，而深入道之玄奥处。

这句话在第四章中也出现过，由于源头难觅，无法对照，所以我们也给予了保留。

故不可得而亲，不可得而疏；不可得而利，不可得而害；不可得而贵，不可得而贱。故为天下贵。

前面老子告诉过我们，一切“实有”都是来自“空无”的，一切“实有”也都是要回归于“空无”的。这个世界上没有任何东西是恒常不变的。因此，看上去一切的实相，都是浮云，都是不值得执著的。

执著是人类的一种愚痴，这种愚痴是因为不了解万物的虚幻性。所以，这里老子告诫世人，你所有的所谓得到，你面对的所有的所谓实相，都是不可有亲、疏、利、害、贵、贱的分别，淡然处之，于万象之中而又不被万象牵动染著，这才是天下最值得珍贵的。

第五十七章 以正治国

以正治国，以奇用兵，以无事取天下。吾何以知其然哉？以此：天下多忌讳，而民弥贫；人多利器，国家滋昏；人多伎巧，奇物滋起；法令滋彰，盗贼多有。

以正治国，以奇用兵，以无事取天下。吾何以知其然哉？以此：天下多忌讳，而民弥贫；人多利器，国家滋昏；人多伎巧，奇物滋起；法令滋彰，盗贼多有。故圣人云："我无为，而民自化；我好静，而民自正；我无事，而民自富；我无欲，而民自朴。"

本章教人回归清静，不可搬弄精魂而伤其身。

以正治国，

正，是指不偏不倚、无形无状之大道。国，是指人身。人身犹如国家，不治不顺，不治不可久安。怎么治呢？老子说，依道而行，方可不治而治。

国，也可以理解为国家。国家无不是争斗的结果、分别的结果。怎么治理国家呢？当然是治人为先，人人守道，也就无所谓争斗，无所谓分别，即使有国，也会国泰民安。

以奇用兵，以无事取天下。

奇，相当于前面说到的“玄”，什么是“玄”呢？只有空无的道才能称得上是“玄”。

《道德经》是一本道书，它反复地、不断地变幻着概念来说道。这里的“以正治国”的“正”；“以奇用兵”的“奇”；以及后面的“以无事取天下”的“无事”，都是在从不同的方面说道。老子是个得道高人，不是杂家，更不是俗人，他只会谈论大道，绝不会谈论国家治理、用兵打仗这类刀枪棍棒的小把戏。庄子认为，对于得道的人来说，即便是安邦治国的大事，也会被称为“俗务”而不屑一顾的，又何况是老子呢？

另外，老子说道是对人而说，其目的是教人修行。所以，文中的许多用词也都是与人的修行有关。如本章中“以正治国”的“国”是指人身；“以奇用兵”的“兵”是指人的意念；后面的“以无事取天下”的“天下”是指身心。不可错解为老子在谈治国用兵之类的琐事。

以奇用兵，就是说要依照大道的性质来行使我们的意念。大道又是空灵虚无的，哪里又有什么意念呢？所以说，不用意念，才符合道性，方称得上“奇”。

以无事取天下。是指以清净而修其身心。

吾何以知其然哉？以此：

怎么明了依道治身，妄念不生、清静修心的道理呢？老子说，我是从对世间凡人的观察中得到的。

天下多忌讳，而民弥贫；

忌讳，是指用意用情；民，是指气；贫，是指绝。一个人用意用情，必定气绝早亡。因为心意耗气，气绝岂有不亡之理？

忌讳，还可以理解为人们的分别、偏爱。什么这香那臭，什么这好那坏等，都是耗气伤神的祸害。

人多利器，国家滋昏；

利器，是指情意炽盛，情意炽盛则滋生昏暗。

大多数人都有过这样的体验，当我们在意气用事，恼怒激动的时候会说出不该说的话，干出不该干的事情，冷静下来后才发现自己当时是昏了头，但为时已晚。如果是一个普通人昏了头，那带来的伤害可能只是自己，如果是皇帝、大臣昏了头，那伤害就大了。

人多伎巧，奇物滋起；

伎巧，是指小聪明，如发明电脑电信、制造飞机大炮等就属于伎巧。人类的伎巧越多，就会滋生出越多的奇物怪事，这些奇物怪事又会搅乱人心，难生清静。人一旦跟着那些奇物怪事打转转，就会自己做不了自己的主，成为外境的奴隶，很难自在。

法令滋彰，盗贼多有。

法令，是指人类自我限定的各种规矩，这些规矩都是妄念，都是我见，都是我执。

盗，是指心；贼，是指意。规矩、限定越多，用心、用意就越厉害。我们常说的“上有政策下有对策”就是此意。

故圣人云：“我无为，而民自化；我好静，而民自正；我无事，而民自富；我无欲，而民自朴。”

所以，得道的人就说过这样的话：我无心而为，听其自然，神、气通达自化；我心静而不动，神、气自然清正；我不用强滋事，神、气自然富足；我清心寡欲，神、气自然淳朴。

这一章针对世人心浮气躁、妄想贪念，教人去心去意，常清常静。虽然圣人和风细雨，娓娓道来，但还是给人震耳欲聋之感。

朝元图（局部）

第五十八章 福祸相依

其政闷闷，其民淳淳；其政察察，其民缺缺。
祸兮，福之所倚；福兮，祸之所伏。孰知其极？其无正也。
正复为奇，善复为祅。人之迷，其日固久。是以圣人方而不割，
廉而不刿，直而不肆，光而不耀。

其政闷闷，其民淳淳；其政察察，其民缺缺。祸兮，福之所倚；福兮，祸之所伏。孰知其极？其无正也。正复为奇，善复为祅。人之迷，其日固久。是以圣人方而不割，廉而不刿，直而不肆，光而不耀。

本章教人浑沌养真，冥冥养神。闷闷者，大道不期而至，察察者，妄求至道，其道更远。

其政闷闷，其民淳淳；其政察察，其民缺缺。

政，是指思想，而思想产生于心；也可以理解为动脑筋、动心思。闷闷，是指傻傻的。民，是指气、神；淳淳，是指质朴，原始而不着修饰。

老子是古时苦县人，即现在的河南鹿邑县人，他这里使用的“闷闷”一词，即便是当下的河南话中还有出现，他们往往会用“闷”来说明一个人傻里傻气，缺脑筋，不灵光。但就是这种“闷闷”的人，他的气神才最淳厚、最饱满。

生活当中经常听到有人形容某人，很聪明，心眼很多，很活泛，脑子也灵光，似乎所有事情都胸中有数，清清楚楚，其实，这类人偏偏在动心思的过程中伤逝了自己宝贵的气韵与精神，这就叫“其政察察，其民缺缺。”

祸兮，福之所倚；福兮，祸之所伏。

其政闷闷，其民必定淳淳。人一旦合乎大道，也就无所谓祸，也就无所谓福。但其政察察，其民必定缺缺，福祸必定随之而来。

祸福皆产生于心，没有求福之心，其祸便无门可入。祸在福中，福在祸中，相依相生，须臾不离。得道之人，终日闷闷而不用其心，没有了对立，也就没有了祸福。

孰知其极？其无正也。

谁才能明了这至极之道呢？只有“无”，方可为天下正。世间万物都是“无”中生“有”，而“有”最后都是要回归于“无”。不懂得这种空性，难免要不断地经历悲喜祸福的反复折磨，无法脱身。佛教称之为“不得解脱”，总是处于轮回之中。

正复为奇，善复为袄。人之迷，其日固久。

世间所谓的“正”，都是暂时的，“正”可以变化为“不正”，“善”可以变化为“恶”。为什么会是这样？就是因为，不懂空性，会被实有的假象所迷惑，而我们执著的所谓实有又都是要归于“无”的。

人们沉迷于转瞬即逝的这种实有的假象实在是太久了。

是以圣人方而不割，廉而不刿，直而不肆，光而不耀。

所以，得道的人坚信大道的心犹如磐石，不能割动一丝；清静廉洁而无法碎分一毫；刚直而不放逸；敛光而不显耀。

第五十九章 深根固柢

治人事天，莫若啬。夫唯啬，是谓早服；早服，谓之重积德；重积德，则无不克；无不克，则莫知其极；莫知其极，可以有国；有国之母，可以长久。是谓深根固柢、长生久视之道。

治人事天，莫若啬。夫唯啬，是谓早服；早服，谓之重积德；重积德，则无不克；无不克，则莫知其极；莫知其极，可以有国；有国之母，可以长久。是谓深根固柢、长生久视之道。

本章教人俭、退、虚、静，说明以“啬”的原则“治人事天”，才符合“深根固柢、长生久视之道”。

治人事天，莫若啬。

“啬”，是指俭、节省。做到了“啬”，则易于清心寡欲；做到了“啬”，则易于妄念不生；做到了“啬”，则不耗其神，精气可保。修身养心，随顺上天，没有比“啬”更重要的了。

治人、事天不是两回事，而是一体两面。圣人事天，不是虚无缥缈，更不是跪拜祈祷，而是少私寡欲，精诚守一，感通天心，阴阳调和，风调雨顺。

人在气中，犹如鱼在水中，水浊了鱼就不能安，气杂了人心也必乱。圣人以诚事天，气定神闲。能事天就能治人，能治人就能事天。

天地生人，亦能养人，但不“啬”之人，天地难养。不“啬”，不仅仅是一种浪费，更是贪欲膨胀的表现，不符合人道，也不符合天道。

“啬”，不只是物质上的节俭，更是精神上的培植、积蓄和养护。

夫唯啬，是谓早服；

服，是指服从、相合。只有“治人事天”做到了“啬”，才能称为与大道相合，服从了大道的性质。

早服，谓之重积德；

服从了大道，与大道的性质相合了，就可以说积累了大德。

前面我们讲过，道，是万物之根本，德，是道的外用与体现。一个人做到了与道相合，也必定会是德性深厚的。

重积德，则无不克；

与道相合，德性深厚，就可以无所不克，无所不能。

无不克，则莫知其极；

无所不克，无所不能，根本不知道极点在哪里。这个极点是指得道者的高度。

司马迁在《史记》中记载，孔子适周问礼于老子，而孔子所问之礼，在老子思想体系中处于极低的地位，所以，老子没有回答孔子的提问，但给了孔子一些批评和教诲。

孔子回到鲁国后，学生们都很想知道老子是个什么样的人，于是争先恐后地询问老师对老子的看法。孔子对学生们说，老子就像天上的龙啊，我根本无法认识他。

老子的境界连孔子都摸不到边，这就叫“莫知其极”。

莫知其极，可以有国；

达到“莫知其极”、深不可测的高度，就可以真正拥有自己的身体。国，是指身体。

我们都有个身体，但没有得道的人，虽然拥有这个身体，但自己是不能当家做主的。在单位要听老板的，在家要听父母妻儿的，在社会上要听国家的。只有得道了的人才算真正成了自己身体的主人，从容而又自在。

有国之母，可以长久。是谓深根固柢、长生久视之道。

我们的身体都是大道的产物，从这个角度说，大道是我们的母亲。只有守服母体，才可以长久不殆。这也是我们最稳固的长生法门。

深根固柢，是指稳定可靠，不动摇，不退转。

大道有许多的性质，这一章老子要我们依止大道的简朴无华。一个人简朴了就会少欲，少欲了就会妄念不生，妄念不生就会清静空灵，清静空灵了就会没有障碍，通达天地，不染烦恼。

朝元图（局部）

第六十章 两不相伤

治大国，若烹小鲜。以道莅天下，其鬼不神。非其鬼不神，其神不伤人；非其神不伤人，圣人亦不伤人。夫两不相伤，故德交归焉。

治大国，若烹小鲜。以道莅天下，其鬼不神。非其鬼不神，其神不伤人；非其神不伤人，圣人亦不伤人。夫两不相伤，故德交归焉。

本章讲修道人应清静无为，无欲无求，方能免受伤害。

治大国，若烹小鲜。

大国，是指专门修道者，也可以说是出家人。这种人会有什么样的作为呢？他们最好的作为是“不为”，该做什么就做什么，顺应自然就行了，这就像是煎炸小鱼，少翻动，才可以保持鱼的完整。

“无为”是老子思想的重要部分，这里他再次强调“无为”的好处。但“无为”不是什么都不做，而是该动时动，该停时停，不乱动，不躁动。

自古以来，有在家修行和出家修行两种。出家修行是指专门修道者，他们发现人类诸多举动不如不动，诸多创想不如不想，于是放下对人间万象的执著和追求，让自己过清静无华的朴实生活。

在出家人眼里，人类的文明是一种倒退，人类的富足是一种贪婪，是不可取的。

以道莅天下，其鬼不神。

一个人如果是抱定大道，坚守大道的清静、柔弱、无欲、不争，那么，他们在险恶的人间游动，即便是有鬼，鬼在这些人面前都会无计可施，神灵不验。

道家是无神论者，老子所说的“鬼”，其实是指人类的贪爱，贪爱会生出许多的苦。无论是金钱、美女、名誉、情感还是权利，只要你过度贪爱，那些东西都会像是魔鬼一样，把你带向罪恶，带向地狱。

魔鬼就在我们的心中，只有清静无欲，才能“其鬼不神”。

非其鬼不神，其神不伤人；

有一个故事，说有三个人到深山里游玩，在下山的路上，他们突然发现了很大一袋子黄金。其中两个人一见，欣喜若狂，但另外一个人见到黄金后，大叫一声：老虎啊！立即跑掉了。

那两个人开心极了，跑掉一个就意味着自己可以分得更多的金子。

黄金太重了，那两个人吃力地往山下搬。过了一段时间，他们都感到很累也很饿。其中一个说，我们都是富翁了，怎么可以让自己饿着肚子呢？于是商量着，一个人守着金子，另一个人下山搞吃的。

下山的那个人美美地吃了顿大餐，酒足饭饱之后，为同伴也打包了一份美食。在上山的路上，他想，我为什么不能独吞那袋子黄金呢？想到这里，他转身到药店买了包毒药，掺在饭里。

上山后，他把饭交给了同伴，自己跷起二郎腿，躺在大石头上哼着小曲，做起了美梦。

另一个人饭吃了一半，看见同伴半醒半睡的得意的样子，就想我为什么不能独吞那袋子黄金呢？想到这里，他转身搬起一块石头，砸向同伴，直至砸得对方血肉模糊为止。

结果可想而知，这两个人一个被对方砸死，一个被对方毒死，都落入了魔掌，这个魔掌就是：贪爱。

所以，老子说，非其鬼不神，其神不伤人。不是魔鬼不灵验，魔鬼灵验得很，它转瞬之间就让两个人伤了命。

但什么样的魔鬼也伤不了守道之人，像那个见到黄金视之如老虎的人，魔鬼也不能伤害到他。

非其神不伤人，圣人亦不伤人。夫两不相伤，故德交归焉。

什么叫“圣人亦不伤人”呢？就是说，得道的人不贪，不争，不求，不伤害他人利益。这个世界上的任何的贪爱、争夺、求取，都不是孤立存在的，都会对他人有所伤害。比如你贪爱一个局长宝座，但贪爱局长宝座的绝不是你一个人，你得到了那个位置，其他人就意味着失去了；你贪爱金钱，但贪爱金钱的人多得很，你得到了，对于其他人来说也一种伤害。

能做到不伤害，才能做到不被伤害。相互不伤害，都是因为坚守大道的结果。

真正做到“两不相伤”，除了放下贪求，恐怕我们别无选择了。

老子骑牛图（马远）

第六十一章 大邦者下流

大邦者下流，天下之牝，天下之交也。牝常以静胜牡，以静为下。故大邦以下小邦，则取小邦；小邦以下大邦，则取大邦。故或下以取，或下而取。大邦不过欲兼畜人；小邦不过欲入事人，夫两者各得其欲。大者宜为下。

水性近似“道”性，本章教人向水学习，柔顺处下，不争而兼容，宁静而安详。

大邦者下流，天下之牝，天下之交也。
牝常以静胜牡，以静为下。
故大邦以下小邦，则取小邦；小邦以下大邦，则取大邦。
故或下以取，或下而取。

大邦者下流，天下之牝，天下之交也。

大邦，是指大国（国，是指身心），即专门修道者，也可以说是出家人；下流，是指处下；牝，是指柔。

修道者往往是把自己放置最低处，从不张扬，从不显耀，凭借天下之至柔，与万物相交融。

现代心理学研究表明，在柔软者面前每个人都会表现出和善、退让和极大的心理满足。当一个人谦和处下、与物不争的时候，恰恰是万物归顺的时候。

牝常以静胜牡，以静为下。

牡，是指刚强。柔软往往是以宁静对治刚强，总是把自己放置于清静的状态。

故大邦以下小邦，则取小邦；

小邦，是指小国（国，还是指身心），即在家修道者。佛教称居士。

老子说，专门修道者像水一样，把自己放到最低处，这样反过来容易取得在家人的信赖和尊重。

出家人与在家人是相互依存的关系。出家人出世专修，要靠在家人供养；在家人处世有烦恼，要靠出家人解脱。

小邦以下大邦，则取大邦。故或下以取，或下而取。

出家人处下的人生态度是不是会引发在家人的傲慢心呢？事实上，出家人谦和处下更赢得了在家人的尊重和礼拜。我们见到无论是道观也好，寺院也罢，众多信众见到出家人，无不或抱拳以礼，或合十以敬，这就是出家人不争不显、在家人以礼以敬的生动写照。彼此的处下，赢得了彼此的尊重。

大邦不过欲兼畜人；小邦不过欲入事人，夫两者各得其欲。大者宜为下。

出家人清心寡欲，精神上畜养众人；在家人清心寡欲，处事待人，安心平乐。两者都得到了各自需要的。越处下就越伟大。

老子多次提到水，为什么呢？因为，水近似于道。水柔软而不争强，处下而不争高。大道本不可言说，但圣人慈悲，勉强说道，怎么办呢？只好以喻说理，以喻言道，领悟深浅全靠个人的福报了。

第六十二章 万物之奥

道者，万物之奥。善人之宝，不善人之所保。美言可以市尊，美行可以加人。人之不善，何弃之有？故立天子，置三公，虽有拱璧以先驷马，不如坐进此道。古之所以贵此道者何？

道者，万物之奥。善人之宝，不善人之所保。美言可以市尊，美行可以加人。人之不善，何弃之有？故立天子，置三公，虽有拱璧以先驷马，不如坐进此道。古之所以贵此道者何？不曰：求以得，有罪以免邪？故为天下贵。

本章再一次论述了道的玄妙、可贵和重要。与大道相比，世间的天子、三公、拱璧、驷马等都不足为贵，只有坚守大道，才可以避祸得安。

道者，万物之奥。

道是指什么？《道德经》中有不少地方都在谈论这个问题。这里又说，道者，万物之奥，是指玄妙深邃，无法测量。

天无道不清，地无道不宁，万物无道不生，乾坤内外，无不有道，谁又能说道不是万物之奥呢？

善人之宝，不善人之所保。

善人，是指守道之人。守道之人会把道视为至宝，小心护持，不敢有丝毫大意。

道，无远、近、大、小、亲、疏之分，守它者受益，不守它者也会得到庇护。无道则天地不存，可见，这个世上是没有大道不保之人的。

道，犹如上天无所不覆，还如大地无所不载，不同的是守道者安乐长存，不守道者烦恼短命。

美言可以市尊，美行可以加人。

美言，是指与道相符的语言；美行，是指与道相符的行为。

与道相符的语言，是真实不虚的语言，是暖心暖肺的语言，是利己利人的语言。

与道相符的行为，是柔软体贴的行为，是处下不争的行为，是万物不伤的行为。

与道相符的语言会受到普遍的接纳和尊重。与道相符的行为会影响他人和感化他人。

庄子曾经讲过这样一个故事。卫国有个相貌奇丑无比的人叫哀骀它，男子与他相处就离不开他，女子见了他后，就会向自己的父母请求：我要做他的妻子，就是做他的小妾也愿意。

鲁哀公专门做过了解，哀骀它与人相处也没有什么高招，到目前为止还没有听说他有什么高深的论调，就是你好我好，哼哼哈哈的。他既没有君王的职位用来免人死刑，也没有许多存款让跟他的人可以吃饱肚子，还长得那么丑陋，对身边的人只是应和而不表白自己的观点，他知道的似乎也就是人间的那些知识，但男男女女都围着他转，他必定是有不同于一般人的地方吧。

鲁哀公把哀骀它请到王宫里，一见面就吓了一跳，他长得实在是太丑了，简直是天下难找。但他在王宫住了还不到一个月，鲁哀公对他的一举一动就特别喜欢了，好像是在与一个美男子相处似的；不到一年的时间，鲁哀公完全被他所折服，几乎是他说什么，就相信什么，不会产生一点点的怀疑。

这里的哀骀它就是个得道人，他言语不多但属于“美言”，行为简单但属于“美行”，对周围的人甚至是对帝王将相的影响都很大。

人之不善，何弃之有？

人一旦不守大道，就会执著于有形的万物而觉得什么都想拥有，不会轻言放弃的。

其实这个世界上只有大道是至为珍贵的。但对于不守大道的人来说，他们往往会忽视大道，相反，名也要，利也捞，权也抓，似乎什么都不可以放弃。其实，正是这些贪求才是人类痛苦与灾难的根源。不阻止这个根源，任何努力向好的愿望都是一种徒劳。

故立天子，置三公，虽有拱璧以先驷马，不如坐进此道。

立天子，置三公，用现在的话说就是，部门繁多，职责清楚，其用意无外乎是要杜绝各类问题的出现，让社会走向安宁与祥和。但事实是，越治理问题越多，始终难见成效，为什么呢？因为贪求是草根，除草不除根，来年复又生。

拱璧、驷马，是指各类人间至宝。世人有一个认识上的误区：似乎拥有的好东西越多才越安全。有人因有钱而喜，有人因有房而乐。事实上，这些拥有不可能给自己带来任何的保障。就连秦始皇这样拥有天下财富的皇帝都难免命归黄泉，江山付之东流，又何况是一般人？

所以，老子告诫世人，再强大的社会职能，再多的奇珍异宝，都不如坚守大道，清心收意，方为至上法宝。

古之所以贵此道者何？不曰：求以得，有罪以免邪？故为天下贵。

罪，是指痛苦与烦恼；天下，是指身心。

古代的祖先不是以名为贵，不是以钱为贵，也不是以权为贵，而是唯一以大道为贵，为什么呢？就是因为，大道可以给予我们真正的需要，可以规避所有的痛苦与烦恼。

大道是滋养我们身心的最贵重的东西，须臾而不可离。但大道清静空灵，无色无味，只有大智慧的“上士”才会知道亲近，才会知道护持。

第六十三章 报怨以德

为无为，事无事，味无味。大小多少，抱怨以德。图难于其易，为大于其细。天下难事，必作于易；天下大事，必作于细。是以圣人终不为大，故能成其大。夫轻诺必寡信，多易必多难。是以圣人犹难之，故终无难矣。

本章讲无心而为，无意做事，无有挂碍，大道乃成。

为无为，事无事，味无味。大小多少，抱怨以德。图难于其易，为大于其细。天下难事，必作于易；天下大事，必作于细。是以圣人终不为大，故能成其大。夫轻诺必寡信，多易必多难。

为无为，

无为，是指顺应自然而为，依着大道的性质而行。大道的性质包括，柔软而不刚强、处下而不彰显、清心而不贪求等。

为无为，就是指做与道相合的事，不妄想，不强行。长颈鹿吃树上的叶，山羊吃地上的草，这都是“无为”。山羊说，地上的草不好吃，它要吃树上的叶，这就是“有为”了，结果是它可能吃不到叶，还会冒被摔死的危险。

事无事，

无事，不是指无事可做，也不是指根本无事。

无事，是指心中无事。事情做了就做了，不记心处虑，不牵肠挂肚。所谓“终日挥形而神气不散，俯仰万机而淡然自若”说的就是这种境界。有些人做事不多，焦虑浮躁，有些人做事多，从容超然，这都不是在事，而在心。

事无事，就是说，做着事就像无事一样。内心不因事而不宁，不因事而不静。

味无味。

无味，不是指没有味道，是指对任何人间万象没有分别和执著。庄子在“齐物论”中说“万物齐一”，就是万物说到底都是一个东西，不是两个，更不是三个。你说白金比黄金好，在得道者看来都一样；你说萝卜比白菜好吃，得道者觉得都差不多。

人类的不少苦，来自心识上的拣择。或香或臭，或好或坏，时时牵动情志，寻香而避臭，追好而弃坏，让我们疲于奔命，苦不堪言。

味无味，是指在纷繁复杂的事物面前，不动情，不动念，不分别，不贪著，不拒绝。

大小多少，抱怨以德。

不论形状大小，不论数量多少，也不论是青黄蓝紫，统统以清静心待之，以和善心待之。德，是指大道体现出来的清静与和善。

什么是“怨”呢？怨是指家长里短的差别，是分别后的喜怒善恶。

“怨”，是世间凡人的一种态度。但对于得道者来说，他们本无分别，本无爱憎，又何来一个“怨”字。

图难于其易，为大于其细。

天下最难的事情其实是最容易的事情。比如，人人都希望自己能够写一手好字，达到这个目标简单得很，只要你每天照着你喜欢的字帖一个字一个字去练习就可以了。但难就难在一个字一个字地练习这么简单的事情我们做不到。

天下最大的事情其实是最细小的事情。比如，一个富翁无论拥有多少钱财，但都是一笔笔、一分分积攒而来，如果轻视了细小的来源，那个富翁是不可能形成的。

守道者，不图难，不为大，做好易事，做好小事。

天下难事，必作于易；

天下最难的事是最容易的事。我们都觉得难事难做，事实上容易事更难做。比如老和尚念经，谁能说这个事不容易？不就是照书念字吗？但让你念经不生杂念、几十年如一日怎么样呢？你马上就觉得难了，而且是天底下最难的事。

天下大事，必作于细。是以圣人终不为大，故能成其大。

天下的大事，必定开始于细小的事。大事是由小事组成的，小事的整合便是大事。对于人类来说，原子弹的制作是个不小的事情，但原子弹的制作也不过是一个个想法、一张张图纸、一道道工序的组合而已。细微处精到，随之成就大事。

对于修行人来说，最大的事就是最小的事。世人认为的吃饭、睡觉、起心动念的琐碎小事，却都是修行者时时关注的大事。

所以，求道者不求大，才偏偏成就了“得道”这件大事。

夫轻诺必寡信，多易必多难。是以圣人犹难之，故终无难矣。

轻易承诺说大话的人必定很少有信誉，最容易做到的事情是最难做到的。得道者都是这么认为的，的确是最容易的事情最难做到。如果容易的事做到了，那么天下就没有什么是难事了。

庄子讲过这样一个故事。郑国有一个神算，名叫季咸，他能够算出一个人的生死祸福，说你是何年何月何日或生或死，或福或祸，不会出差错的，神得很。人活着就要有点神秘感才有味道，如果每个人都知道自己以后每天会发生什么事？会在哪一天死去？这人活着就没有意思了，所以，郑国人一见到季咸，都会赶快跑掉。

当时郑国有个得道人叫壶子，他收了个学生叫列子。列子见有季咸这么个人，竟然如此厉害，十分倾心崇拜，他回到老师那里就对壶子说：以前我一直以为老师的道法是最高的，现在看来又有了更高的高人了。于是就把季咸的事和老师说了一番。

壶子听了列子对季咸这个神算的描述后说：哎！我过去教给你的不过都是些名词、概念，都是些形式，真东西还没有拿出来给你呢。你认为你已经得道了吗？你只掌握了些形式，还没有内容，这就像一群母鸡，没有公鸡怎么能孵出小鸡呢！并且，你把学到的那点东西展示在面上，到处炫耀，作出志在必得的样子，这就很容易让别人看透你的心思。

壶子的这段话是指：一个人刚学道的时候，不论你道法学的多么好，理解得多么透，但这些只是名词、概念，都是些形式，它是不能代表修行的。你学到的道法如果不能用于修行，那就是只有母鸡，而没有公鸡，是永远不会有结果的。

所以，壶子对列子说，我过去教给你的不过是些知识，还没有教你修行的功夫。不相信的话，你去把那个季咸叫过来，让他来给我相相面，我倒要试一试他会从我身上看出什么名堂来。

列子很听话，第二天果然把那个神算季咸叫过来见他的老师壶子。季咸给壶子看完相，出门后对列子说，唉！你的老师死定了！没有救了！活不过十天了呀！我见他怪怪的，整个身心没有一点生气。

列子很孝顺，听说老师活不多久就要死去，哭得泪人儿一般，进门就把季咸的判断告诉了老师。

壶子说，刚才我向他展示的是大地般的寂静，表现的是如如不动的心境。所以，他看到的是我把生机闭合了的状态。你去再让那个季咸来，我还有更多的境界让他看呢。

第二天，列子又把季咸叫过来见壶子。季咸见过壶子出门后对列子说：幸运啊，你的老师遇到了我，有救了，完全可以活了。我从他身上见到生机了。

列子回到屋里把季咸的话告诉了壶子。壶子说，刚才我展示的是天地间的一丝生气，而且是只出不进，名实不入，就是什么都进不来。那点生气是从什么地方发出来的呢？是从脚底发出的。那个季咸是看到了我还有一点生气，所以就说我还能痊愈，还能活，其实都是我在牵着他走。不信，你就再叫他来给我看相吧。

列子真的又把季咸叫来见壶子。出门的时候季咸对列子说，你的老师神色飘忽不定，我无法给他相面。等他神色稳定下来后再给他相面吧。

列子进屋后把季咸的话又告诉了老师。壶子说，我刚才展示的是无迹可寻的太虚之气，他看见我生机平和，所以不知端倪了。

接下来壶子讲了三种深渊。第一种是大鱼经常游动的地方会变成渊；第二种是上面不断地有水往下流，底下就会变成渊；第三种是流动的水经常冲击一个地方，那个地方也会变成渊。这里的渊，表面上是说三种自然现象，其实是在说三种功夫。壶子说，渊还不止是三种，它有九种，代表了九个功夫的层次，我给那个季咸展示的不过是其中的三种。你不是说季咸很厉害，是个神算吗？我拿出三样东西，他到目前为止，一样也没有看明白呢。你再去叫他来给我相面吧。

第二天，列子果然又把季咸叫来见壶子。季咸一见到壶子，自觉站立不稳，感到情况不妙，拔腿就跑。壶子叫道：追上他。列子回身就追，但已经追不上了。列子回来就向老师报告说：已经消失了，我追不上了。那家伙跑得太快了。

壶子说，我刚才展示的也没有超出根本的大道。我给他的是虚无缥缈的、如梦亦如幻的现象，他当然是看不明白了。他以为是空相，但又能感觉到滔滔激流，所以就逃跑了。

这个故事说，列子是壶子的学生，本来认为老师是最厉害的，但宋国出现一个叫季咸的神算，列子就去告诉老师说，您恐怕要做第二了。壶子告诉列子，现在的人心浮气躁，什么都挂在脸上，很容易被别人看破，不信你就叫他来看我。列子四次请季咸给老师相面，果然一无所获，结果季咸还被一言不发、一动不动的老师给吓跑了，连影子都找不到了。

这件事对列子的打击很大，也让他猛醒过来，原来过去跟老师学到的仅仅是一些学问，一些法理，大道修行的功夫一点还没有呢。于是列子就回到自己的家里，三年没有出过门。整天干着为妻子做饭、饲养猪这类小事。饲养猪就像伺候人一样的用心。

从修行的角度讲，庄子这里告诉我们，修行就在世间，修行就在生活中，修行就是扫地、剥葱，就是洗衣做饭。这些小事做好了，修行的大事就完成了。

老子这一章既告诉了我们修行的功夫，又指明了修行的立足点。

第六十四章 千里之行

其安易持，其未兆易谋；其脆易泮，其微易散。为之于未有，治之于未乱。合抱之木，生于毫末；九层之台，起于累土；千里之行，始于足下。为者败之，执者失之。是以圣人无为，故无败，无执，故无失。民之从事，常于几成而败之。慎终如始，则无败事。是以圣人欲不欲，不贵难得之货；学不学，复众人之所过。以辅万物之自然，而不敢为。

本章讲内心清静，安于无为，才能做到不破败，不丢失。老子教人妄念不可动，逆道不可行。

其安易持，其未兆易谋；其脆易泮，其微易散。为之于未有，治之于未乱。合抱之木，生于毫末；九层之台，起于累土；千里之行，始于足下。为者败之，执者失之。

其安易持，其未兆易谋；

安，是指内心清静，杂念不生。达到了这个境界，万物都容易把持。

为什么万物容易把持呢？因为内心清静，杂念不生，没有了把持之心，更无把持之行，一切自自然然，如微风轻吹，如柔水畅流，当然从容洒脱。

未兆，是指浑沌未开的思想状态。什么叫“易谋”呢？就是说人们在浑沌未开的时候，不生谋划的想法。不谋划是最好的谋划，也是最简易的谋划。

《红楼梦》有句话叫“机关算尽太聪明，反算了卿卿性命”。这就是老子的“其安易持，其未兆易谋”的思想的警示。

一切出家人的修行，都是对躁动的那颗心的安抚，心安至清静处，便是“其安易持，其未兆易谋”的境界，获得永久的祥和与安乐。

其脆易泮，其微易散。

脆，是指坚硬；泮，是指破碎。清柔似水具有无限的力量，并因清柔而无法受到任何的伤害。坚硬看上去是牢固的，但其实是最容易破碎的。一把锋利的刀可以斩断坚韧的缰绳，却无法斩断柔弱的流水就是这个道理。

微，是指念头的萌动；散，是指精神混乱。念头一动，精神就乱。

其脆易泮，其微易散，是告诫世人行为上要如水一般的柔软，心念上要清静无妄。

为之于未有，治之于未乱。

未有，是指空灵虚无；未乱，是指宁静无杂。

行为要合乎大道，流畅自然，不强行，不妄动。心识要一尘不染，安于洁净。这里老子教人知道守道，别无他意。

合抱之木，生于毫末；九层之台，起于累土；千里之行，始于足下。

毫末，是指细小；累土，是指基础；足下，是指当下。

任何事都必须从细小处做起，从基础做起，从当下做起。书法家的细小、基础、当下就是写好每个字的每一个笔画；农民的细小、基础、当下就是撒播每一颗种子，挖掘每一寸土地；修行者的细小、基础、当下就是按服自己的每一个念头，关注自己的每一次呼吸。好高骛远是没有用的，细小、基础、当下的事情做好了，任何成就都是水到渠成的。

为者败之，执者失之。是以圣人无为，故无败，无执，故无失。

最大的作为是无为，就是顺道而为；最好的执取是不执。因为，逆道而为必定失败，有意执取必定丢失。所以，得道的人总是按照自然的轨迹作为，就没有失败，他们不执取、不把持任何东西，也就不存在丢失。

可惜世人不懂，拼命地胡作非为，拼命地追求占有；殊不知，我们自己都是要从“有”变成“无”的万物之一，还有什么东西自己能够真正拥有呢？我们活在不断地占有失去、失去占有的情感折磨之中。也许有一天，我们不得不离开人世，不得不统统放下的时候，方能理解老子“为者败之，执者失之”的深意。

这句话在第二十九章中已经出现过，此处再现，可见其意义不同一般了。

民之从事，常于几成而败之。慎终如始，则无败事

民，是指凡人。凡人做事，常常是快到成功了而不能取得最终的成功。如果从头到尾坚持如一，就像刚开始的时候那样去做，就不会有失败了。

我们身边有不少人，当他们觉得某个事很好的时候总是信心十足地去做，但过不了多久，遇到了困难就马上停止了脚步，结果是无功而返。

修行也是如此。有些人在世间遇到烦心事，向往出家人清静安乐的生活，于是或蓄发（道家讲究遵从自然因而蓄发不剃），或剃发（佛家讲究放下因而剃发不留），早诵经，晚打坐，但没过多长时间，又觉得这种日子太清淡了，那里没有酒喝，也没有肉吃，还没有好玩的东西，又打消了出家的念头，中断了清苦的修行生活，这些表现都是不可能获得成功，终究是要失败的。

是以圣人欲不欲，不贵难得之货；学不学，复众人之所过。以辅万物之自然，而不敢为。

是什么让我们失败的呢？是妄念，是贪求。所以，得道的人追求的是无欲，一个人无欲了，就是金银财宝也不会看重。

学不学，是指学习世人远离不学的东西，那就是大道。这样就可以避免重蹈世人的覆辙，避免世人常犯的过错。

得道的人总是顺应万物的自然属性，从不敢轻举妄动。

老子怕世人乱来，这里再次教人要清其心，静其意，安住自然，这样才可以真正做到不败、不失、功成、得道。

第六十五章 善为道者

古之善为道者，非以明民，将以愚之。
民之难治，以其多智。故以智治国，国之贼；
不以智治国，国之福。知此两者，亦稽式。
常知稽式，是谓『玄德』。

古之善为道者，非以明民，将以愚之。民之难治，以其多智。故以智治国，国之贼；不以智治国，国之福。知此两者，亦稽式。常知稽式，是谓“玄德”。“玄德”深矣，远矣，与物反矣，然后乃至大顺。

本章讲动脑筋、动心思是一个人的大忌，而淳厚、质朴，甚至是闷闷地冒着傻气，才是养身的宝贵品质。

古之善为道者，非以明民，将以愚之。

民，是指心。古时善于与大道相合的人，不希望自己的心充满巧智，堆满邪见，而是追求一种憨厚，一种朴实。可能世人称之为“愚”，但这却是得道者修行的目标。

生活当中经常听到有人形容某人，很聪明，心眼很多，很活泛，脑子也灵光，似乎所有事情都胸中有数，清清楚楚，其实，这类人偏偏在动心思的过程中伤逝了自己宝贵的气韵与精神，这就叫“明民”，是与大道不符的。

民之难治，以其多智。

治，是指收摄、收服。我们的心为什么难以被摄服？总是蠢蠢欲动呢？就是因为妄想多、点子多。今天做生意挣了1万元，明天心里就有了挣10万元的计划。今天当上了科长，还没过多久，当处长的念头就滋生出来了。我们的心总是在想方法、用计谋，这就是我们的心难以被摄服的原因。

几乎所有出家人，都是直指人心的。他们不是不聪明，而是主动放弃聪明，让自己归于简单和平静。

故以智治国，国之贼；不以智治国，国之福。

国，是指身。

人人都是爱自己的，但怎么爱呢？老子说，巧智是身体的贼，用小聪明去养身，那只会把身体掏空的。

这里的“智”，是指人间之智，诸如算计个什么人，谋划个什么事，搞点发明创造什么的，都属于“智”。“智”这个东西有利于成就俗务，但对养身没好处。不信的话，大家可以走访一下成功人士，他们大都足智多谋，但他们连个香甜的睡眠都很难享受到，身体一个不如一个。反过来，那些没心没肺的人，比如出家人吧，他们念经坐禅，不思进取，偏偏安享着清净之乐，晚上以地为床，以砖为枕，鼾声均匀而平缓，连天人都羡慕三分。

所以，老子说，少动点脑经，剔除那些巧智，这是身体的福报。

知此两者，亦稽式。常知稽式，是谓“玄德”。

知道什么是身体的“贼”，什么是身体的“福”这两个方面，就叫“稽式”。“稽式”是指清静而安、高明而和、不言不动、湛然常寂的状态，常守这种状态，就叫“玄德”。“玄德”是指得道者的玄妙境界。

庄子就说过，得道的那些人神得很，他们心神专一，没有杂念。容貌也十分安详，永远没有大喜、大悲、大笑、大哭的反应。他们的额头放着光，很饱满。你凄凉的时候就会觉得他们像秋天，你快乐的时候就会觉得他们像春天，如果说他们也有情绪变化的话，那么他们的情绪变化与四季相吻合，就像春夏秋冬一样自然，都不是有心而为的。他们无论在哪里，人、物都会感到很相宜、很舒服。但为什么会是这样？又让你搞不明白。反正和得道的人在一起，你时时处处都觉得安全、和睦、舒心和神清气爽。这就是“玄德”。

“玄德”深矣，远矣，与物反矣，然后乃至大顺。

“玄德”给人的影像是深邃而又悠远，但太深邃、太悠远的东西，你看上去就不像是那个东西了，似乎是反着的。比如太明白的人往往什么都不愿意说，似乎有点闷；太智慧的人往往什么都不愿意做，似乎有点傻。但恰恰是这种“玄德”，达到了“大顺”。“大顺”是指与万物顺应，与大道顺应，流畅而又自然。

世人追求“聪明”，圣人追求“愚钝”；世人追求多才多艺，圣人追求一念不生。何对何错？全凭个人体味了。

老子雕像

第六十六章 善为道者

江海所以能为百谷王者，以其善下之，故能为百谷王。是以圣人欲上民，必以言下之；欲先民，必以身后之。是以圣人处上而民不重，处前而民不害，是以天下乐推而不厌。以其不争，故天下莫能与之争。

江海所以能为百谷王者，以其善下之，故能为百谷王。是以圣人欲上民，必以言下之；欲先民，必以身后之。是以圣人处上而民不重，处前而民不害，是以天下乐推而不厌。以其不争，故天下莫能与之争。

本章以江海为喻，说明柔软处下的重要性，同时暗示抢先、争要是小人，退让、不争是圣人的道理。

江海所以能为百谷王者，以其善下之，故能为百谷王。

百谷，是指百川、溪流。江海为什么会成为千条小溪万条细流的汇集之地？就是因为江海处于下方，不抢不要，反过来成了百川之首。

魏晋时期有个文学家叫李康，他在《运命论》中说，木秀于林，风必摧之；堆出于岸，流必湍之；行高于人，众必非之。意思是说，树木如果高出树林，风必然把它摧断；土堆如果高出河岸，河流必然把它冲垮；做派高于平常人，众人必然非难他。这里李康说明了一个道理，高高在上是祸不是福，这与老子提倡的处下思想是完全一致的。

是以圣人欲上民，必以言下之；欲先民，必以身后之。

所以，得道的人具有众星捧月的地位，是因为他们始终把自己放置于最低下的位置；他们引领众人，是因为他们退让而不争。

是以圣人处上而民不重，处前而民不害，是以天下乐推而不厌。

真正得道了的人，即便是他们处于上位，但由于不骄横，不霸道，顺乎民情，老百姓也不会觉得有负担。

生活当中我们经常有这种感受，朋友们在一起干什么都轻松，都快乐，但一旦有上位的领导在场，气氛就变了。不仅一起做事情有压力，就是一起吃饭玩耍都不是太自在。可见，处上而民不重，只有得道者才能够做到。

得道者不仅是“处上而民不重”，而且他们处于前位，引领众人，大家也不会觉得不安全，或者说有什么危害，并且都乐于推崇，从无厌恶。

“我”是痛苦的承担者，“我”是祸患的造作者。不要时时处处把那个“我”抬到高处，相反要隐藏那个“我”，淡化那个“我”，当达到“无我”的时候，给自己带来的是永生，给他人带去的是永乐。

以其不争，故天下莫能与之争。

名人争声望，丢掉了青春；官场争权力，丢掉了自由；商场争利益，丢掉了幸福。世人争的是“有”，圣人守的是“无”。因为圣人不争，所以，没有什么可以与他相争。争，会唤醒人们的妄念；争，会激起人们的贪婪；争，会引来恶；争，会把自己引向灾难；争，会把人类引向灭亡。

第六十七章 不敢为天下先

天下皆谓我：道大，似不肖。夫唯大，故似不肖。若肖，久矣其细也夫！我有三宝，持而保之：一曰慈，二曰俭，三曰不敢为天下先。慈，故能勇；俭，故能广；不敢为天下先，故能为成器长。今舍慈且勇，舍俭且广，舍后且先，死矣！夫慈，以战则胜，以守则固。天将救之，以慈卫之。

本章意在讲“德”，“德”是指道的表现与运用，具体包括：慈、俭、不敢为天下先。做到了这些，就是符合大道，就是久安之道。

天下皆谓我：道大，似不肖。夫唯大，故似不肖。若肖，久矣其细也夫！我有三宝，持而保之：一曰慈，二曰俭，三曰不敢为天下先。慈，故能勇；俭，故能广；不敢为天下先，故能为成器长。

天下皆谓我：道大，似不肖。夫唯大，故似不肖。若肖，久矣其细也夫！

大家都说，我传播的道很大，无法捉摸，无法比照，似乎什么都不像。老子说，道本来就是大象无形嘛，它当然不像任何东西了，如果像某个东西，恐怕它早就消失了。

这个世界上没有什么是恒久不灭的，只有操纵着万物生灭的大道是不灭的。大道巨大无形，细微如无。

我有三宝，持而保之：一曰慈，二曰俭，三曰不敢为天下先。

大道，虽然说不清、道不明，但它无处不在、无时不在。大道的性质，转化为人的修行有三个方面是非常宝贵的，我们应谨慎受持，第一个就是慈。

慈，是指爱，这种爱与儒家的仁爱又有不同。慈爱，没有分别，没有远近，不求回报，爱就爱了，完全不知是爱，完全是无心而为。

有些妻子很爱自己的丈夫，但当发现丈夫做了自己不愿意看到的事情时，开始伤心哭泣了，心想，我对他多好啊，他怎么能做出这等事来？这些妻子对丈夫的爱就是属于仁爱，而不是慈爱。她们付出了爱，得到的可能是快乐，也可能是烦恼。

慈爱是没有烦恼的，因为它不求回报。

第二个是俭。五十九章中曾经说过："治人事天，莫若啬。"啬，就是指俭、节省。做到了"俭"，则易于清心寡欲；做到了"俭"，则易于妄念不生；做到了"俭"，则不耗其神，精气可保。修养自身，随顺上天，没有比"俭"更重要的了。

天地生人，亦能养人，但不"俭"之人，天地难养。不"俭"不仅仅是一种浪费，更是贪欲膨胀的表现，不符合人道，也不符合天道。

"俭"，不只是物质上的节省，更是精神上的培植、积蓄和养护。

第三个是不敢为天下先。不敢为天下先是指谦让、不争。这与前一章的"是以圣人欲上民，必以言下之；欲先民，必以身后之"说的是同一个道理。

慈，故能勇；俭，故能广；不敢为天下先，故能为成器长。

“慈”，是一种爱，这种爱没有私心，就没有顾忌；不求回报，就勇猛无比。父母对孩子的爱就是慈爱，当孩子遇到危险时，父母会奋不顾身，狼来了不会退缩，老虎来了也不会畏惧。慈爱是忘我的，所以力大无穷。

“俭”，是一种节省。再大的家产也经不起挥霍，再好的身体也经不起糟蹋。有些人为了有一个好身体，勤于锻炼，但锻炼之后或生活中，或工作中，遇到一点点不顺心的事，马上暴跳如雷，阳气尽失，许久锻炼的积累荡然无存，这就叫，进的没有出的多，这就不是“俭”而是“啬”了。

“俭”，就是要少出。“俭”，才能富有，“俭”，才能广博。

“不敢为天下先”，是指谦让、不争。谦让、不争反过来受人尊重，敬为万民之首，站在他人之前。

今舍慈且勇，舍俭且广，舍后且先，死矣！夫慈，以战则胜，以守则固。天将救之，以慈卫之。

人们舍弃慈爱以求勇猛；舍弃俭朴以求广博；舍弃谦让以求领先，真是死路一条。殊不知，慈爱是一种力量，它战而必胜，守而必固。上天救人，用慈爱捍卫自己是不二法门。

当今社会，我们自称是文明人，然而越文明，对生活的要求就越高，越追求奢华，越好高骛远，喜新好奇，争相显耀。

越争物力越贫乏，越贫乏越争，结果是因争而战，因战而杀，甚至以害人杀人为能事，慈心全无，人道几至灭绝。索其病源，无非是与老子说的三宝：“慈、俭、不敢为天下先”相违背不无关系。

老子这话，已经到了不得不令世人深思的危险边缘了。

老子骑牛图 （任颐）

第六十八章 不争之德

善为士者，不武；善战者，不怒；善胜敌者，不与；善用人者，为之下。是谓不争之德，是谓用人之力，是谓配天，古之极也。

善为士者，不武；善战者，不怒；善胜敌者，不与；善用人者，为之下。是谓不争之德，是谓用人之力，是谓配天，古之极也。

本章继续阐明“不敢为天下先”的深意，告诫世人“谦让不争”是天地共有的品质，是不能不遵循的人间至道。

善为士者，不武；

士，是指有道之人；武，是指刚强。一个有道之人，是不会显示自己的刚强的。为什么不能显示自己的刚强呢？老子在第三十章就告诫过世人："物壮则老，是谓不道，不道早已。"就是说，强壮其实就意味着衰败，强壮就接近了死亡。强壮不符合大道柔顺的本性，所以就会早完蛋。

每个人都希望自己是强大的，即便是不够强大，也会不失时机地表现出强大的样子，殊不知，这种做法不仅可笑，而且是危险的。

善战者，不怒；

战，是指应对；怒，是指情绪变化。我们生活在世间，总是要面对各种人和各种事，应对得好，就会舒心，应对不好，就会烦心。那么，最好的应对就是情绪上不起变化，不因好而乐，不因恶而悲。

庄子也提出过"人故无情"的说法，他说："是非吾所谓情也。吾所谓无情者，言人之不以好恶内伤其身，常因自然而不益生也。"意思是说，我所说的"情"是指是非分别，是指后天染污后留下的习性。婴儿刚出生的时候是没有是非分别的，在他们眼里，黄金和砖头是一样的，青菜萝卜也没有什么不同。我之所以提出"无情"，是要告诉世人不要再守候那些好坏、爱憎、贵贱等情感了，因为那些情感不利于得道，也会对身体有伤害。应该顺应自然的法则去生活，而不是过分地保养自己的身体。

庄子所说的"无情"，不是世间所说的"无情"，而是指没有亲疏的爱，没有利己的爱，是阳光普照的大爱，是大地无所不载的真爱。

大家都知道恨会生苦，其实爱同样会生苦。我们丢失了一堆废纸不会觉得太苦，但如果丢失了一堆人民币就苦了，因为我们更爱人民币；我们丢失了一辆破自行车不会觉得很苦，但丢失了孩子就觉得很苦，因为我们更爱孩子。

所以这里老子说，你要想立于世间，从容自在地应对一切人与事，情感上不起分别，没有变化，这是非常重要的。

善胜敌者，不与；

敌，不是指敌人，而是指人和事；与，是指争夺。怎么才能在任何人和任何事中成为赢家呢？不争，是不败的法宝。

为什么不争呢？两个原因最突出，一是争必定耗气费神，英年早逝；二是争来争去到头来都是一场空。细细想来，人类的历史完全是一部争战史，只要有一个“争”字在，争的双方是没有胜利者的。只有“不争”才能永远立于不败之地。

善用人者，为之下。是谓不争之德，是谓用人之力，是谓配天，古之极也。

用人，不是指使唤人，领导人，而是指与人相处。得道的人与人相处，不是高高在上，而总是把自己放置最低处，越是这样，越能够赢得他人的敬重。

以上所说的“不武”、“不怒”、“不与”、“为之下”，都可以说是“不争”的德行，是做人可以拥有的神奇力量，因为这些做法与上天相合，古往今来都是最玄妙的极致。

不争，为什么如此厉害？用老子的原话就是，因为“唯不争，故无尤”；因为“金玉满堂，莫之能守”；因为“少则得，多则惑”；因为“唯不争，故天下莫能与之争”；因为“馀食赘形，物或恶之，故有道者不处”；因为“圣人去甚，去奢，去泰”；因为“不欲以静，天下将自正”；因为“多藏必厚亡”；因为“知足之足，常足矣”；因为“财货有馀，是谓盗夸”。

关于“不争”的道理，老子在不同的章节中多次提起，足以说明“不争”的重要了吧。

老子图 （文徵明）

第六十九章 抗兵相若

用兵有言：『吾不敢为主，而为客；不敢进寸，而退尺。』是谓行无行，攘无臂，扔无敌，执无兵。祸莫大于轻敌，轻敌几丧吾宝。故抗兵相若，哀者胜矣。

用兵有言："吾不敢为主，而为客；不敢进寸，而退尺。"是谓行无行，攘无臂，扔无敌，执无兵。祸莫大于轻敌，轻敌几丧吾宝。故抗兵相若，哀者胜矣。

老子在六十七章中讲道："我有三宝，持而保之：一曰慈，二曰俭，三曰不敢为天下先。"这一章又把"不敢为天下先"这个宝贝再次提起，告诉世人"谦让"的无比重要性。

用兵有言："吾不敢为主，而为客；不敢进寸，而退尺。"

用兵，是指修真者，修道者。那些人都认为，从不敢事事主动，更不敢事事争先，只是顺应自然，服从便是。也不敢进取，处处退让谦恭。

是谓行无行，攘无臂，扔无敌，执无兵。

前面说的谦让之举，说到底就是体现了"无为"思想。什么叫"行无行"呢？就是不行。即便是行，也犹如流水一样，依道而行，不妄动，不强行。

什么叫"攘无臂"呢？攘，是指捋起袖子，既然连臂膀都没有，又哪里有袖子可捋？这里还是在谈"无为"思想。

扔，是指与对手大干一场的样子。现在连对手都没有，哪里还有大干的必要呢？

执，是指抓握。想抓个兵器在手，但修道者一团和气，眼里根本没有兵器的概念，哪里还有兵器可抓呢？一把匕首，在恶人看来它可以用来伤人，但对于修道者来说，它不过是可以切菜的工具。心中无兵，也就无兵可握了。

祸莫大于轻敌，轻敌几丧吾宝。

"轻敌"的"敌"是指什么？是指仇恨的对手吗？当然不是了。

这里的"敌"是指争先、争强的那些妄念。如果我们一不小心，有些许的轻视，它们就会冒出来，为我们带来祸患，丧失"不敢为天下先"这个宝贝。因为越强大就越危险，强大与大道的柔顺相背，所以，很容易让人走向穷途末路。

故抗兵相若，哀者胜矣。

所以，两个相当的力量相对抗，总是柔弱的一方胜利。相若，是指相当。

这一章，许多人理解为在谈兵法，但即便是谈兵，道家的兵学也与世间的兵家不同。道家是以退为进，以不战而战，以不杀人为胜。其大意重在不开兵端，不惹战祸，这样不仅彰显了慈悲仁厚，而且洞悉了天道人情。这是非常值得后人深思的。

第七十章 被褐怀玉

吾言甚易知，甚易行。天下莫能知，莫能行。言有宗，事有君。夫唯无知，是以不我知。知我者希，则我者贵。是以圣人被褐而怀玉。

本章讲大道并非玄奥深秘，而是稀松平常。放下图华求贵，剔除贪心妄想，大道如影相随，随处可见。

吾言甚易知，甚易行。天下莫能知，莫能行。言有宗，事有君。夫唯无知，是以不我知。知我者希，则我者贵。是以圣人被褐而怀玉。

吾言甚易知，甚易行。天下莫能知，莫能行。

我的话很容易被了解，而且依照着去做也不困难。然而没有人能真正懂得，也没有人真正做得到。

老子为什么说他的话很容易被了知呢？因为他从头到尾无非在谈道，而且从未离开过道而言它。

道是什么呢？道就是水一般的柔顺；道就是婴儿一般的无别；道就是天一般的无言；道就是地一般的厚重；道就是山谷一般的包容；道就是原木一般的质朴；道还是煎小鱼一般的无为。这些道理好不好懂？好懂得很。好不好做呢？也好做得很。怎么做呢？一句话：顺道而行就可以了。

顺道而行好比一滩水，遇到阻力则止，遇到低处则流。一个侏儒希望杀进美国职业篮球队；一个低智商的人盼着获得诺贝尔大奖；一个百岁老太太想再生个胖儿子，这些都不是顺道而行，而是背道而驰了。

言有宗，事有君。

为什么老子说的话很容易懂，很容易做，但又没有人懂，没有人做得到呢？这里老子说，我的话里是有宗旨的，也就是有个寓意在，你如果只注意到话语本身，而忽视了话语背后的寓意，很容易懂的你也不会懂。

释迦牟尼曾经说过，我所教的是体验实相的方法，而不是实相本身。这个道理正如指着月亮的手指，并非月亮。聪明的人会利用手指来使自己看到月亮。一个误认手指就是月亮的人，永远都看不见真正的月亮。我所教的只是修行的方法，不应该对它执著或崇拜。我所教的就像一只用来渡河的木筏。只有愚人才会在到达彼岸即解脱之岸以后，还会背着木筏到处走。

老子虽然每个章节都在谈道，但老子所谈的绝不是道本身。不清楚“言有宗”，当然很容易懂的，也就无人能懂了。

另外，万事万物内部还都是有个主宰的，一个人成为这样的人而不是那样的人，一件事成为这个模样而不是那样模样，这其间有 100 万个条件左右着人与事的发展方向，如果无视“事有君”，无视这些主宰，这些条件，很容易做的事情就会做不到，或者做不成。

夫唯无知，是以不我知。知我者希，则我者贵。

正因为世人不知道“言有宗，事有君”，所以很难了解我说话的真义。

了解我说话真义的人已经很少了，如果不仅了解，还能够做到，那是无比珍贵的。

是以圣人被褐而怀玉。

所以，得道的人可能穿着下人才穿的布衣，其实他们才真正拥有无价的宝玉，那就是大道。

世人追求外在的华美，圣人追求内在的质朴。外在的东西转瞬即逝，内在的东西宝光永存。这犹如一个人，随着时间的流失，青春很快离我们而去，但睿智却大放异彩，永不褪色。

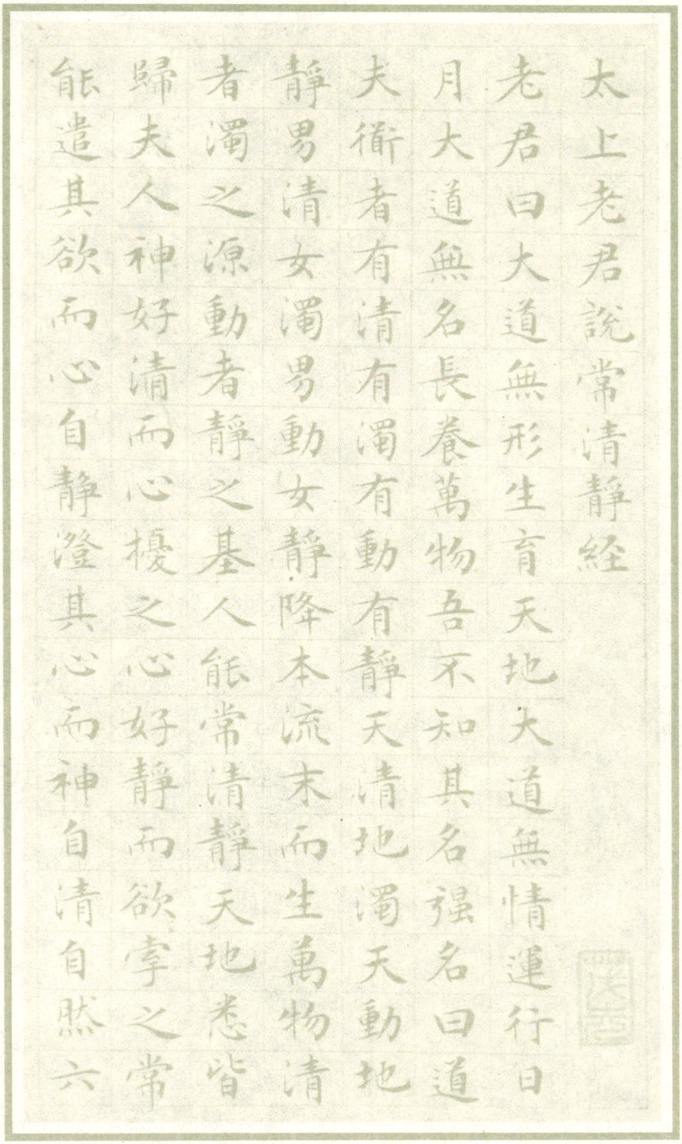
太上老君說常清靜经
老君曰大道無形生育天地大道無情運行日
月大道無名長養萬物吾不知其名强名曰道
夫衜者有清有濁有動有靜天清地濁天動地
靜男清女濁男動女靜降本流末而生萬物清
者濁之源動者靜之基人能常清靜天地悉皆
帰夫人神好清而心擾之心好靜而欲牽之常
能遣其欲而心自靜澄其心而神自清自肰六

文徵明小楷 《太上老君说常清静经》

第七十一章 圣人不病

知不知，尚矣；不知知，病也。圣人不病，以其病病。夫唯病病，是以不病。

知不知，尚矣；不知知，病也。圣人不病，以其病病。夫唯病病，是以不病。

本章阐明最大的智慧是“无知”的道理。“无知”不是一无所知，而是无所不知。“无知”往往会使人凡事默然。默然无语是与大道相合的一种品质。

知不知，尚矣；

知，是指智慧；不知，是指无知，即无所不知。

智慧的最高境界是“无知”。这里的不知，无知，与智商 50 以下的白痴不同。白痴是指认知上的空白，而最高境界的“无知”，却是了然通达，障碍全无。

苏格拉底说过：智慧意味着自知无知。于是他常说：“我只知道自己一无所知。”这其实就是老子说的“不知”的境界。

庄子曾经讲过一个故事。有一天，啮缺问王倪：你知道事物之间其实是没有区别的，本质上都是相同的吗？

王倪说：“我怎么知道呢？”

啮缺又问：“你知道你为什么不知道吗？”

王倪说：“我怎么知道呢？”

啮缺再问：“那么，事物就不可以被认知吗？”

王倪还是回答说：“我怎么知道呢？”

我们经常说某人是“一问三不知”，原来出处却在这里。据一些道书上讲，啮缺和王倪都是得道高人，高人之间的交流很多时候会被世人摸不到头脑，认为是精神病人之间的对话。这里啮缺没头没脑地问了三个问题，王倪就没头没脑地回答了三个“不知道”。

那么，王倪是不是真的什么都不知道呢？不是的。后面他勉强讲了一番话（《逍遥的秘密——和你一起读〈庄子〉》一书中有详细描述），那些话丝丝入扣，严丝合缝，超凡脱俗，实在是达到了“知不知，尚矣”的地步。

不知知，病也。

智慧的最高境界是不知、无知。“无知”到了什么程度呢？连“无知”也不知道。就像是一个人得道了，他一定是不知何谓“道”的，如果有人跟你说，他得道了，那么，他一定是没有得道。

“不知知，病也”是什么意思呢？

这里的“不知”是指无知，也就是无所不知的那个高度；“知”是指分别、认识。如果还能够分别、认识那个“不知”，就不是最高境界，还是有瑕疵，有问题的。因为你还有一个分别在，还有一个认识在，还有一个知见在。

圣人不病，以其病病。

圣人，是指得道的人。得道的人为什么没有瑕疵呢？主要在于他们没有了分别，没有了认识，没有了知见，他们把所有的知见全部消灭了。

为什么老子把所有的知见都当成一种瑕疵，告诉世人“不知”是最高境界呢？因为从本质上说，“万有”最后都必归于“无”，都是一个东西，还有什么好说的呢？如果从万象上去分别，那么，人类所有的认识也都不过是个人观点而已，不可能有谁对谁错的结果。

前面的那个王倪就说过这样的话，他说，人如果睡在潮湿的地方就会得腰病，严重的还会让一个人送命，泥鳅也是这样的吗？泥鳅是不是也希望和人一样要睡干燥、暖和的大床才舒服呢？把人放到树上就会害怕，心脏病也犯了，血压也升高了，猴子是不是也会这样呢？人愿意住屋里，泥鳅喜欢泥潭，而猴子则呆在树上才快乐，你说说看，这三个东西谁更知道居住何处才是对的呢？

在这里，庄子借助王倪向我们提了一个问题：居住在哪里才是好的呢？结果是，对象不同，回答也不同。庄子为什么把居住的问题拿出来呢？因为，居住是生存的起码条件。连最起码的问题的回答都不能相同，何况其他问题呢？即便同样是人，对居住的问题的回答是不是就一样呢？也不是。有人觉得100平方米的房子太小了，而有些人觉得60平方米的房子都太大；有人觉得席梦思床睡得很安详，但也有人睡席梦思床就腰疼。到底谁对谁错呢？

人喜欢吃羊肉、鸡肉什么的，而麋鹿却以青草为美味；茅厕里的蛆认为粪便很好吃，而猫头鹰对老鼠，特别是死后发臭的老鼠情有独钟，比人看到海参鱿鱼还高兴。那么，人、地上跑的麋鹿、茅厕里的蛆、天上飞的猫头鹰谁更知道哪种东西才更好吃呢？人说鸡肉好吃得很啊，但麋鹿说那比吃土都难受；人说臭老鼠不能吃的，吃了会拉肚子，猫头鹰说臭老鼠好得很，全身都是蛋白质，营养高得很呢。

读到这里，不知有没有人思考，过去你滔滔不绝、喜形于色的时候，却有人在一旁骂你扯淡，说你讲的全是谬论。而我们对别人的言谈也会颇有微词。其实，我们所坚持的、所肯定的不过都是一个“我”而已。而“我”所执著的却都是假的、不真实的、不确定的。

所以，老子说，如果你还有一个“不知”的概念在，那都是问题，都没有得道，连“不知”都不知，才是最高境界。

夫唯病病，是以不病。

只有把个人知见当成问题来看，把个人知见通通放下，才能达到“不知”的高度，才是没有瑕疵的。

这一章老子在谈得道者在认识上的表现。得道者在认识上的表现是没有表现。在第四十九章老子就说过：“圣人常无心，以百姓心为心。”这里的无心，就是指没有我执、我见。得道了的人永远没有了我的主观、我的执著，总是平和地对待众生的种种想法。可见，“不知”不仅包括“全知”，还包括接受、理解和包容。

第七十二章 自知不自见

民不畏威，则大威至。无狎其所居，无厌其所生。夫唯不厌，是以不厌。是以圣人自知不自见，自爱不自贵。故去彼取此。

民不畏威，则大威至。无狎其所居，无厌其所生。夫唯不厌，是以不厌。是以圣人自知不自见，自爱不自贵。故去彼取此。

本章告诫世人要放下自我，甚至要放下“大道”，这样就可以无所畏惧，无有挂碍，获得久常的安乐。

民不畏威，则大威至。

民，是指“我”。这个“我”不是四肢、毛发、头颅组成的躯体的“我”，是指灵魂或者心灵。人之所以成为人，主要是因为有个“我”，躯体是因“我”而存在，因“我”而有意义，“我”去了，躯体很快就会变成一堆血水、一撮泥土。

威，是指强势。有名的人会有名强势，有钱的人会有钱强势，有权的人会有权强势。凡人因为有高低的分别，因为担心“我”的卑微，故而产生畏惧心。

圣人就不同了，圣人坚守大道，达到了“无我”，达到了无分别，所以也就没有了对强势的畏惧，这样一来，反过来可以“大威至”。

大威，是指大威势，是呼天唤地的力量，是帝王来朝的高贵。这是只有得道者才会有的风范。

无狎其所居，无厌其所生。

得道者，因为“无我”，因为无分别，所以一切妄想都没有了依附。他们不会觉得自己的居所狭小，也不会觉得自己的生活有这样那样的不如意。他们没有抱怨，更没有怨恨，一切都是自自然然，一切都是平平常常，一切都是安安乐乐。

夫唯不厌，是以不厌。

正因为没有嫌弃，没有讨厌，所以才接受一切、包容一切，看什么都是佳好，看什么都是喜乐。

在得道者眼里是没有好坏之分、高低之别的。凡人看到的是万物的不同，圣人看到的是万物终究归空的本质属性。既然“万物终究归空”，又何必被暂时的虚幻假象所迷，又何必畏首畏尾，妄想执著，动情动意呢？所以，圣人是无所谓畏惧，无所谓好恶的。

是以圣人自知不自见，自爱不自贵。故去彼取此。

得道者是知其有，而不见其形；爱其道，而不贵其形。得道者难道不识名、利、权、势吗？他们都清楚，只是不为所动、不为所染罢了。所以，他们去其假存其真，也就是《金刚般若波罗蜜经》上说的“不住色而生其心”的境界。

世人多烦恼，烦恼出自对瞬息万变的万物的分别、贪求与执迷。放下了这些，才能做到无有畏惧，情感不生，逍遥自在。

第七十三章 天网恢恢

勇于敢则杀，勇于不敢则活。此两者，或利或害。天之所恶，孰知其故？天之道，不争而善胜，不言而善应，不召而自来，繟然而善谋。天网恢恢，疏而不失。

勇于敢则杀，勇于不敢则活。此两者，或利或害。天之所恶，孰知其故？天之道，不争而善胜，不言而善应，不召而自来，繟然而善谋。天网恢恢，疏而不失。

本章再次告诫世人，勇猛刚强与大道不符，与大道不符必定招来天诛地灭的下场。

勇于敢则杀，勇于不敢则活。

杀，是指灭；活，是指生。

第五十五章中老子说："物壮则老，谓之不道，不道早已"。壮，是指刚强。万物表现出强大，就意味着走向衰败，人类也是一样，为什么呢？因为与大道的柔弱性质不符，既然不符合道，那就会早完蛋。

这里的"勇于敢"，还是在谈刚强，刚强了会怎么样呢？结果是必被灭之、杀之，谁杀呢？不是他杀，是天道诛杀。

"勇于不敢"是指知道、顺道，与道相合，表现为退让、柔弱，这样的结果就是生，也就是不伤万物、万物不伤的境地。

此两者，或利或害。天之所恶，孰知其故？

是"勇于敢"还是"勇于不敢"？是表现出刚强还是表现出柔弱？这两者的利与害是不言自明的。

为什么刚强反生其害？为什么柔弱反生其利？老子说，我告诉你，这是天道，上天不喜欢刚强，谁又能知道其中的缘由呢？

隋唐时有个好汉叫李元霸，号称天下第一条好汉。他两锤对撞，就能震死几千人，绰号小雷公，被炀帝封为赵王，位居隋唐"八大锤"之首。这个人力大无穷，两臂有四象不过之勇，捻铁如泥，胜过汉时项羽。一餐斗米，食肉十斤。用两柄铁锤，四百斤一个，两柄共有八百斤，如缸大一般。坐一骑万里云，天下无敌。在当时几乎没有人能在李元霸马前走上三个回合，可以说赵王李元霸打遍天下无敌手。

有一天，李元霸在回家路上，只见风云四起，细雨霏霏，少顷雷声大作，在元霸头上不断地响起，犹如打下来的光景。元霸大怒，把锤指天大叫："呔！你这天为何这般可恶，照少爷的头响？也罢！"把锤往空中一撩。抬头一看，那四百斤重的锤掉将下来，"扑"地一声正中在元霸脸上，翻身跌下马来。这么一位天下第一的好汉，自认为勇猛无比，结果因逞强而惨死。

李元霸在世时，天下劲敌无不闻风丧胆，落荒而逃，不可谓不强，即便如此，也逃脱不了中年夭折的命运，可见刚强之害了。

天之道，不争而善胜，不言而善应，不召而自来，繟然而善谋。

不争，就是不争夺。有了不喜，没了不悲。这样你就会没有失败，永远是个胜利者。争，则有成，也有败，但不争则无败。

不言，是指不要执著于自己的见地。你的见地只属于你自己，代表不了任何人和任何事。你认为是对的，换个人看可能就是错的；你认为是好的，换个对象可能就是坏的。所以，去除我见，才可以顺应万物，才可以顺应万事。

不召，是指不求。我们要是今天想求得这个，明天想求得那个，那么我们不免活在不断的失落之中。这个世界上没有万物顺心的，只有心顺万物才成为可能。不求是最大的获得，不求是最大的富足。

善谋，是指不谋，不花心思，不动脑筋。一切坦坦荡荡，悠然自得。

不争、不言、不召、善谋，这些都是天道。顺之则昌，逆之则亡。

天网恢恢，疏而不失。

天网，是指“天道”无所不在。没有什么人，也没有什么事可以逃脱这张网。

古代皇帝下诏的一开头就是：顺天承命，皇帝诏曰。顺天承命就是依照天的意思行使自己的使命。皇帝尚且不敢有违天道，何况百姓凡夫呢。

老子像 （马远）

第七十四章 民不畏死

民不畏死，奈何以死惧之？若使民常畏死，而为奇者，吾得执而杀之，孰敢？常有司杀者杀。夫代司杀者杀，是谓代大匠斲。夫代大匠斲者，希有不伤其手矣。

民不畏死，奈何以死惧之？若使民常畏死，而为奇者，吾得执而杀之，孰敢？常有司杀者杀。夫代司杀者杀，是谓代大匠斲。夫代大匠斲者，希有不伤其手矣。

本章讲内心清静，一尘不染，无有分别，自然也无生死观念，这样就可以坦然自固，与天同久，湛然常存，又何死之有呢？

民不畏死，奈何以死惧之？

第七十二章里讲到，民不畏威，则大威至。民，是指“我”。这个“我”不是四肢、毛发、头颅组成的躯体的“我”，是指心。心，是我们的灵魂，心，使我们成为了人，也是它使我们成为了有烦恼的人。

人心如果依附大道的话，应该简单清纯，接受万物而不加以分别。没有了分别，也就没有了贪求，没有了担忧。

每个人都是怕死的，但死是不是可怕呢？其实死并不可怕，想到死才是可怕的。没有死的观念，死就根本与自己无关，有什么可怕呢？对于一个了了生死的人来说，你无须用死去吓唬他，没用的。

为什么人会不怕死呢？就是因为脑子里没有了死的观念，活在了久常的安乐之中。这在佛教看来，是了脱生死，是成佛的境界。

若使民常畏死，而为奇者，吾得执而杀之，孰敢？

人常常担忧死亡，为什么呢？就是因为还有生死的观念在。

奇，是指标新立异。世间的学问，在得道者眼里那些东西都是分别，都不过是标新立异罢了。分别越多，担忧就越多。刚出生的牛犊连老虎都不怕，不就是因为没有分别的缘故嘛。

杀，是指灭。人降临于世，不可能不受凡尘的染污，修行就是修心，修行就是消灭分别心。分别心不有，则畏惧心不生。

常有司杀者杀。夫代司杀者杀，是谓代大匠斲。夫代大匠斲者，希有不伤其手矣。

司，是指心。我们要灭的不是别的，就是心中的不同的观念，这些都是分别的结果。修行都是自己的事，我们知道是“心”惹的祸，所以只好修心，这是别人代替不了的。释迦牟尼说过，我不想改变任何人，我只是告诉你改变自己的方法。

大匠斲，是指大道。有些人觉得，我就是要去改变一个人，就是要去改变一个人的心，大有替天行道的气势，其实这个世界上没有哪个人可以代替大道。如果你真的要那么去做，结果受伤的一定是你。

这一章老子告诉我们，练就清静心是非常重要的，清静到什么程度呢？清静到连生死的观念都没有了，一切依道而行，自自然然，也就无所谓畏惧、无所谓担忧、无所谓烦恼了。

第七十五章 民之难治

民之饥，以其上食税之多，是以饥。民之难治，以其上之有为，是以难治。民之轻死，以其上求生之厚，是以轻死。夫唯无以生为者，是贤于贵生。

民之饥，以其上食税之多，是以饥。民之难治，以其上之有为，是以难治。民之轻死，以其上求生之厚，是以轻死。夫唯无以生为者，是贤于贵生。

本章说明不求生方能长生，不欲求方能安乐的道理。

民之饥，以其上食税之多，是以饥。

民，是指人；饥，不只是指饥饿，还指各种需要。人为什么会有饥饿感，为什么会有各种各样的需要呢？难道我们真的无法缺少我们需要的那些东西吗？其实，我们的需要往往是跟着我们的贪求在走，而不是真的不可或缺。食税，是指妄念、贪求。

有这么一位男子，他十分富有，但十分焦虑，时时活在痛苦里。他的太太也被他搞得心力交瘁，疲惫不堪。在无计可施的情况下，她就跑到一个寺庙，去寻求高僧的帮助。高僧了解状况后跟那个太太说："如果你先生愿意，就请他来一趟吧！"

这位男子虽然来了，但从眼神看得出来，这一趟只是为了敷衍他太太而来。高僧不发一语，带他到僧庙的庭院中，庭院约有一个篮球场大，庭中尽是茂密的百年老树，高僧从屋檐下拿起一支扫把，跟这位男子说："如果你能把庭院的落叶扫干净，我会把获得快乐的方法告诉你。"

虽然不信，但看到高僧如此严肃，这位先生心想，扫完这庭院有什么难，就接过扫把开始扫地。过了一个钟头，好不容易从庭院一端扫到另一端，眼见总算扫完了，他拿起畚箕，转身回头准备畚起刚刚扫成一堆堆的落叶时，却看到刚扫过的地上又掉了满地的树叶。

懊恼的他只好加快扫地的速度，希望能赶上树叶掉落的速度。但经过一天的尝试，地上的落叶跟刚来的时候一样多。这位先生怒气冲冲地扔掉扫把，跑去找高僧，想问高僧为何这样开他的玩笑？

高僧指着地上的树叶说："欲望就像这树叶，它才是我们烦恼的根源，如果永远有树叶落下来，你也就永远扫不尽地上的落叶。你现在应该知道，除了控制自己的贪欲，还有更好的方法剔除你的烦恼吗？"

过去老百姓有句话说，越睡觉越懒，越烤火越寒，越吃肉越馋。这里说明了一个道理：一个人越贪求什么东西，你对那个东西的需要就越强烈。比如你贪求汽车，那么你就会依恋汽车；你贪求网络，网络对于你来说就越来越重要。但过去没有汽车和网络的年代，人们的身心依旧快乐，人们的生活依旧灿烂。所以我们要明白，不是我们真的需要，而是我们真的贪求。不放下心中的贪求，需要就永远存在。我们之所以有饥饿感，之所以有那么多的需要，都是因为贪求太多了的原因。

民之难治，以其上之有为，是以难治。

民，是指人心。为什么人心最难制服呢？就是因为人心有了太多的想法，今天想争取局长的宝座，明天又想得到宽敞的别墅。是这些想法带着我们的心在不停地狂奔，不停地躁动。

过去有学校的校长问我，教师的待遇不断改善，为什么教师的抱怨越来越多呢？我说，那是因为教师想法的增加比待遇增加得更快、更多。不控制贪念，再好的物质条件也不会让我们满意，我们依然会活在抱怨和痛苦之中。

民之轻死，以其上求生之厚，是以轻死。

人为什么会轻易地死去呢？我们吃上好的食物，住宽敞的房子，穿暖和漂亮的服饰，难道这不是在爱惜自己的身体吗？老子说，正因为如此，人才会容易死去的。这就是“求生之厚”。

求生越切，死期越近。一个人未饿想吃，未寒思衣，见色思淫，见财思富，安身思禄，禄到求爵，爵高思寿。此等求生，耗精费神，日复一日，看似爱己，殊不知反害其生。

夫唯无以生为者，是贤于贵生。

只有放弃上述那些“求生之厚”的做法，才是真正的最好的养生。

人类历史上宗教繁多，但唯有中国的道教更加注重养生之道。道教最主要的思想就是来自老子的。这一章老子告诉我们，养生重在养心，心中的妄念少了，心中的贪求少了，我们就可以获得轻安，获得宁静。气不散，神不失，这才是养生的关键。

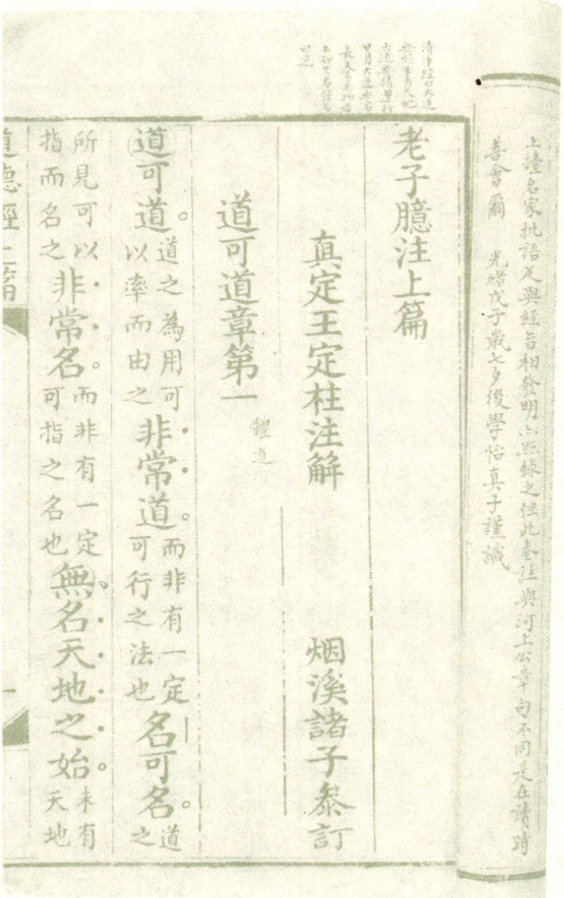
上種名家批語又與經旨相發明亦照錄之但此書注與河上公章句不同是在讀時善會爾 光緒戊子歲七夕後學怡真子謹識

老子臆注上篇

真定王定柱注解

烟溪諸子參訂

道可道章第一 體道

道可道。道之為用可以率而由之非常道。而非有一定可行之法也名可名。道之所見可以指而名之非常名。而非有一定可指之名也無名天地之始。未有天地

道德經上篇

老子臆注　清嘉庆十五年（1810 年）刻本

第七十六章 柔弱处上

人之生也柔弱，其死也坚强。草木之生也柔脆，其死也枯槁。故坚强者死之徒，柔弱者生之徒。是以兵强则灭，木强则折。强大处下，柔弱处上。

人之生也柔弱，其死也坚强。草木之生也柔脆，其死也枯槁。故坚强者死之徒，柔弱者生之徒。是以兵强则灭，木强则折。强大处下，柔弱处上。

本章讲柔弱与坚强的关系，说明柔弱则生，坚强则死的道理。

人之生也柔弱，其死也坚强。草木之生也柔脆，其死也枯槁。

“关于柔弱与坚强，老子曾在前面的不同章节中多次讨论过，如揣而锐之，不可长保”；“知其雄，守其雌，为天下溪”；“物壮则老，是谓不道，不道早已”；“强梁者不得其死”；“天下之至柔，驰骋天下之至坚”；“守柔曰强”；“不敢为天下先”；“善为士者不武”；“抗兵相若，则哀者胜矣”；“勇于敢则杀，勇于不敢则活等”。

从象形上说，一个人的身体如果是柔弱的，说明他是活着的；反之，一个人的身体如果是僵硬的，那么说明他已经死了。为什么柔弱则生，坚强则死呢？因为柔弱与大道的性质相合，而坚强则与大道相逆。

不仅仅人是这样，草木也是如此。活着的草木是有柔韧性的，而死了的草木是干枯的。或者说，有柔韧性的草木是有利于生的，而干枯的没有柔韧性的草木是几近于死的。

故坚强者死之徒，柔弱者生之徒。是以兵强则灭，木强则折。强大处下，柔弱处上。

所以说，坚强则死，柔弱则生。强兵必定被灭，强木必定被折。貌似强大的总是处于不利的下方，而表现柔弱的总是处于有利的上方。

战国时期，有一天，魏武侯与李克一起聊天。魏武侯问道：“吴国那么强大，为什么会这么快就灭亡了呢？这其中有什么道理吗？”

李克回答说：“吴国灭亡，是因为它每次战争中都取得胜利。”

魏武侯听了感到很奇怪，接着问道：“每次战争都取得胜利，这是国家的福气，国家应该更加强大才对啊！可是吴国却偏偏因为这个原因而灭亡了，这是什么道理呢？”

李克说：“正是因为每次战争都取得胜利，吴国才会灭亡。因为常常打仗，就会让军队和老百姓疲于奔命，而屡次胜利就会使得君主骄傲自满。骄傲自满的君主，又会常常驱使老百姓去疲于奔命，这样的国家不灭亡，才是天下少有的现象呢。君主骄傲自满，就会更加恣意妄为，这样，他就会想尽一切办法去掠夺财物，而百姓疲于奔命就会心怀怨恨，心怀怨恨就不能安心生产，这样，难免就会想尽一切办法去谋反。从君主到普通的百姓都走上了极端的道路，吴国灭亡还算是晚的了。这也就是吴王夫差上吊自杀的原因吧。”

世人都希望表现自己的强大，殊不知，强大只会让我们的心发狂，让我们的身遭殃。

第七十七章 高者抑之

天之道，其犹张弓与？高者抑之，下者举之；有余者损之，不足者补之。天之道，损有余而补不足；人之道则不然，损不足以奉有余。孰能有余以奉天下？唯有道者。

天之道，其犹张弓与？高者抑之，下者举之；有余者损之，不足者补之。天之道，损有余而补不足；人之道则不然，损不足以奉有余。孰能有余以奉天下？唯有道者。是以圣人为而不恃，功成而不处。其不欲见贤。

本章讲述大道公正，不偏倚任何一方，不凸显任何一处。教导大众要平等待人，平等修身。

天之道，其犹张弓与？高者抑之，下者举之；有余者损之，不足者补之。

这里老子举了个例子，天道是不是有点像拈弓搭箭呢？为了射得准，箭头高了就压低一点，箭头低了就抬高一点，有多余的东西就减去一点，有不足的地方就补充一点。

天道是不可能用言语表达清楚的。通过拈弓搭箭的比喻，老子告诉我们，天道凡事求一个“中”字。什么叫“中”呢？就是不高不低，不多不少。比如金钱吧，多了是祸害，少了又要饿肚子，能够掌握恰到好处，就符合了天之“中道”。

天之道，损有余而补不足；人之道则不然，损不足以奉有余。

天道讲求一个“中”字，去除多余的，补充或缺的。但人道就不是这样了，人道是去除本来就不够的，追求本来就多余的。这是什么意思呢？就是说，世人远离大道，主要追求的是物质的东西，这个世界上如果用一无所有的出家人相比，哪个人是真正缺乏物质的？但又有哪个人不是还在追求物质的增多呢？

我们本来应该追寻我们十分缺少的大道精神，但我们却在追寻本来已经多余的物质，这就是“损不足以奉有余”。

孰能有余以奉天下？唯有道者。是以圣人为而不恃，成功而不处。其不欲见贤。

天下，是指身心。谁会真正关心我们这个身心呢？只有得道者。

可能有人会问：还有不关心自己的人吗？从表面上看，似乎每个人都是最爱自己的，但我们的路径错了，我们觉得求得更多的名、利、权、色是爱自己，结果偏偏是这些东西害了自己，断送了卿卿生命。从这个角度说，只有得道者才算是真正的爱自己。他们体现出了大道的柔弱、无为、不争的性质，得到了平和、安乐、健康与长寿。

所以，得道的人总是有作为而不炫耀，有成功似乎也与自己无关，从不显示自己的贤能。

这一章论一个“中”字，就是没有高下之分，没有贵贱之别，没有名利之求，没有权色之争。做到了这个“中”字，就可以立于不败之地。

第七十八章 弱之胜强

天下莫柔弱于水，而攻坚强者莫之能胜，以其无以易之。
弱之胜强，柔之胜刚，天下莫不知，莫能行。
是以圣人云：『受国之垢，是谓社稷主；
受国不祥，是为天下王。』正言若反。

天下莫柔弱于水，而攻坚强者莫之能胜，以其无以易之。弱之胜强，柔之胜刚，天下莫不知，莫能行。是以圣人云："受国之垢，是谓社稷主；受国不祥，是为天下王。"正言若反。

这一章继续讲"柔"的作用。"柔"是无影无形，"柔"是清心静意，"柔"是绝欲安神，"柔"是道性，"柔"是无坚不克的一种神奇力量，"柔"是很难达到的得道境界。

天下莫柔弱于水，而攻坚强者莫之能胜，以其无以易之。

这个世界上没有比水更柔弱的了，但水攻克一切坚强没有不胜利的，而且没有任何东西可以取代。易，是指代替。

天底下最柔的，可以踏遍、摧毁、制服天底下最坚硬的。柔弱，在修行方面还可以理解为凝神静意，一念不生。

老子在第二十六章中曾说过："重为轻根，静为躁君"，我们解释为：妄念不生为静，心动为躁。修行之人，总是追求不妄动，念头不起。这样就可以不随物转，不受束缚，获得平和与自在。心静了，能制服一切躁动。

那么，靠什么攻克"坚强"呢，只有"柔"方能胜此大任。

弱之胜强，柔之胜刚，天下莫不知，莫能行。

弱能胜强，柔能克刚，这个道理很容易理解，也没有人不知道，但却没有人能够做到。我们可以经常看到逞强的人，却很难看到主动示弱的人。

刚强，在修行方面看，就是指躁动。能够制服躁动的，除了柔弱，恐怕别无他法了。

是以圣人云："受国之垢，是谓社稷主；受国不祥，是为天下王。"正言若反。

垢、不祥，都是指不好的；社稷、天下，都是指"我"、人身；主、王，都是指当家做了主人。

在世人眼里总是有这好那坏、这香那臭的分别。自己喜欢的就接受，自己不喜欢的就拒绝。但得道的人说过：一个人只有不分别好坏香臭，全面接纳，就像水一样，对万物没有分别地包容接受，这样你才可以不受外界的牵扯，自己真正当了自己的家，做了自己的主人。

分别是一种苦，分别可能为我们带来了快乐，但痛苦也会接踵而至；分别可能为我们带来了爱，但恨也会接踵而至。

老子推崇水的品质，其实质就是推崇水的包容的胸怀和水的柔顺的特性。

刚强是躁动，刚强还是烦恼。这是人类最难驱赶的阴影。刚强是分别的一种结果。如果我们不断地练就自己，做到心如止水，所有的刚强就会不攻自破，逃之夭夭。

柔弱胜刚强，这话似乎是说反了，但却是符合大道、放之四海而皆准的真理。

第七十九章 天道无亲

和大怨，必有余怨，安可以为善？是以圣人执左契，而不责于人。有德司契，无德司彻。天道无亲，常与善人。

和大怨，必有余怨，安可以为善？是以圣人执左契，而不责于人。有德司契，无德司彻。天道无亲，常与善人。

本章讲情感是个坏东西，情感给人类带来了烦恼和痛苦。老子提倡大爱，也就是无分别的爱，达到这个高度，也就是心如止水、无怨无悔的境界了。

和大怨，必有余怨，安可以为善？

和，是指调和；怨，是指情感。人一旦有了情感，你怎么调和都不可能完全平静，只有消除了情感，才可以真正做到不调而和。

《庄子》里有这么一段对话。有一天，惠子谓庄子曰："人故无情乎？"

惠子是战国时著名的政治家、辩客和哲学家，是合纵抗秦的最主要的组织人和支持者，他可能是听到了庄子的言论，就去问庄子说，人本来就没有情感吗？

庄子说："是的。大德无情。"

惠子说："人没有了情感，那为什么还叫做人？"

庄子说："天地大道给了人的形状，为什么不叫做人？"

惠子说："既然叫做人，怎么会没有情感呢？"

惠子是个很有才的辩客，也写过很多书，当时没有纸张，文字要刻在竹板上，他写的书需用好几辆车才拉得下。惠子几乎找不到能够与他辩论的对象，于是只好去碰碰庄子，但每次都输得很惨。有一次惠子与庄子同游于一条小河边，庄子看着河里游动的小鱼说：小鱼游得真快乐。惠子马上接着话头说：你不是鱼，你又怎么知道鱼的快乐？庄子说：你不是我，你又怎么知道我就不知道鱼的快乐呢？最后，还是惠子张口结舌，无言以对。

这里，庄子看惠子不懂"大德无情"的道理，就对惠子说，我所说的情是指是非分别，是后天染污后留下的习性。婴儿刚出生的时候是没有是非分别的，在他们眼里，黄金和砖头是一样的，青菜萝卜也没有什么不同。我之所以提出无情，是要告诉世人不要再守候那些好坏、爱憎、贵贱等情感了，因为那些情感不利于得道，也会对身体有伤害（详见《逍遥的秘密——和你一起读〈庄子〉》）。

关于"人故无情"的思想，释迦牟尼也有过同样的说法。佛陀在世时就曾经告诉出家人，即便是漂游栖息于菩提树下，也不可连住三日，怕就怕对那棵菩提树产生了感情。有了感情就会被感情所束缚，也就很难求得大自在。

庄子所说的"无情"，不是世间所说的"无情"，而是指没有亲疏的爱，没有利己的爱，是阳光普照的大爱，是大地无所不载的真爱。

老子的"和大怨，必有余怨，安可以为善"？就是说，你只要有了情感，那就会无法调和，不会有好结果的。

是以圣人执左契，而不责于人

契，是指普遍，大爱，天道无私。

得道的人总是坚守大爱，无私无别，从不责怪、怨恨别人。所有的人和事，都是有其缘由的，站在自己的立场去一味地排斥，只会为我们带来烦恼，包容和接受才能使我们心平气和，永远活在安乐里。

有德司契，无德司彻

彻，是指小爱，这种爱有远近亲疏之别，与恨相生相伴，它为我们带来快乐的同时，也为我们带来了痛苦。所以，得道的人表现出来的是“大爱”，没有得道的人表现出来的是“小爱”。

天道无亲，常与善人

是无分别的“大爱”好，还是有分别的“小爱”好呢？老子说，我只知道阳光是普照的，天道是没有分别的。得道了的圣人与天道一样，拥有同样的品质。

这一章谈情感，老子主张“无情”，也就是无分别的大爱。因为达到“无情”，也就没有了是非亲疏，没有了个人执著。世间讲究爱憎分明，其实，爱也好，憎也好，那些情感都是伤身的东西。大德之人往往是“无情”的，与他们接触就像是与清风、与春色接触一样，没有提防，没有对立，只有安详，只有淡定。

老子像碑

第八十章 小国寡民

小国寡民。使有什伯之器而不用，使民重死而不远徙。虽有舟舆，无所乘之；虽有甲兵，无所陈之；使民复结绳而用之。甘其食，美其服，安其居，乐其俗。邻国相望，鸡犬之声相闻，民至老死，不相往来。

小国寡民。使有什伯之器而不用，使民重死而不远徙。虽有舟舆，无所乘之；虽有甲兵，无所陈之；使民复结绳而用之。甘其食，美其服，安其居，乐其俗。邻国相望，鸡犬之声相闻，民至老死，不相往来。

本章讲放下一切妄想，清心静意，无欲无求，返朴归真，人人都可以过上知足满意的好日子。

小国寡民。

如果说大国是指天地的话，那么，小国则指人身。寡民，是指气凝如一，这是一种精气合一，宁静柔顺的境界。

使有什伯之器而不用，使民重死而不远徙。

达到气凝如一的境界，神聚而不散，自然无可用之物。重死，不是指重视死亡，而是指妄念皆灭。既然是妄念全无，自然也就安静不动了。

虽有舟舆，无所乘之；虽有甲兵，无所陈之；使民复结绳而用之。

一个人之所以对物质上有需求，都是受到欲望的指使，如果妄念不生了，无欲无求了，那么即使有一艘船，也没有乘坐远行的必要；即使有最厉害的武器，也会觉得多余，连放置何处都不知道。

结绳，是指在没有文字之前，人们用结绳来记事，用来形容那时候人们的生活简单、朴实，悠然、自得。老子希望我们修行能够达到“使民复结绳而用之”的那种状态。

甘其食，美其服，安其居，乐其俗。

得道的人，由于妄念不生，由于无欲无求，吃什么都觉得很舒服；穿什么都觉得很华美；住什么都觉得很安适；无论什么样的世俗都觉得很快乐。

一个人的幸福总是和他的欲望是反着的。欲望越多，幸福就越少。有些人吃山珍海味不觉得舒服，但有些人吃粗茶淡饭觉得舒服得很；有些人穿几千元一件的名牌服装没有感觉，有些人穿粗布汗衫感觉好极了；有些人住100多平米的房子撅嘴不高兴，有些人住几十平米的房子高兴得不得了；有些人看到社会上的任何东西都觉得不顺眼，整天活在抱怨和气恼中，有些人看到社会上的什么都觉得不错，整天活在喜悦里。是什么造成了如此之大的不同感受呢？不是物质的多寡好坏，完全是因为我们的“心”。如果我们不能降服那颗不断膨胀的心，再好的条件、再充裕的待遇都不可能使我们得到真正的安乐。

邻国相望，鸡犬之声相闻，民至老死，不相往来

鸡犬，是指纷争、杂念、妄想。对于得道者来说，各自活在道中，清静无欲，自然对各类纷争视而不见，听而不闻，哪里还会与这些俗务往来？

记得有这么一段趣事。有一天，一代高僧虚云禅师远足求法，路遇雨天，道路坑坑洼洼，非常难走。就在这个时候，虚云禅师看见路边有一个老者，正不慌不忙地搬运着石头往路上低洼处堆放，以期填平路面。

虚云禅师觉得这条路实在是需要修理了，于是也默默地搬起石头，放到路面低洼的地方。那老者不动声色，专心地搬着石头，似乎根本没有注意到虚云禅师的到来与存在。

两个人都不做声，就这么干了一整天，然后各自找个平整的树下休息。第二天，他们还是一言不发，静静地修整那条路面。这样一干就是七天，直至把那条路修理平坦为止。

路修好后，两个人还是没有说过一句话，似乎谁都没有看见过谁，似乎谁都没有在自己的视线里存在过，然后各自悄然而去，好像一切从来都没有发生过。这或许就是“邻国相望，鸡犬之声相闻，民至老死，不相往来”的真实写照吧。

水墨画 （石涛）

第八十一章 为而不争

信言不美，美言不信。善者不辩，辩者不善。知者不博，博者不知。圣人不积；既以为人，己愈有；既以与人，己愈多。天之道，利而不害；圣人之道，为而不争。

本章讲圣人之道无声、无辩、无积、无害、无争，以此而为，便是得道明证。

信言不美，美言不信。善者不辩，辩者不善。知者不博，博者不知。圣人不积；既以为人，己愈有；既以与人，己愈多。天之道，利而不害；圣人之道，为而不争。

信言不美，美言不信。

信，是指诚。什么叫信言呢？就是与大道相符的真语。

前面老子说过：“道者，反之动”。就是说，大道的表现总是与世俗的东西相反。大道不是故意要与社会相反，而是社会的发展已经远远地脱离了大道的轨迹。比如，大道本性包容，而社会越来越苛刻；大道本性谦让，而社会越来越追求彰显；大道本性博爱，而社会越来越憎恨；大道本性质朴，而社会越来越奢侈等。

所以说，与大道相符的“信言”，世人觉得不够美好，不够好听。反过来说，那些美好的、好听的话又不能反映大道，也不符合大道的性质。

世俗的东西传播的很快，也很容易，而大道的传播却很难，原因也在于此。

善者不辩，辩者不善。

善者，是指得道者。得道者清心静意，纯洁无染，圆融无碍，哪里还会有分辨呢？如果还有分辨的话，那一定不是得道者了。

俗人才有分辨，什么这好了那坏了，这个喜欢了那个讨厌了，得道者是没有这种情感的。

知者不博，博者不知。

知者，就是指智者。真正的智者汽车不会开，电脑也不懂，但他们坚守大道，与道同存。而那些才学高深，知识一箩筐的人，精神外用，不能笃慎固守，是与道相离的。

庄子也说过，生命是有长度的，而知识又是无限的，没办法穷尽的。用有限的生命去寻求无限的色相分别是非常危险的。

世人追寻博学，圣人追寻大道，这就是凡与圣的区别了。

圣人无积；既以为人，己愈有；既以与人，己愈多。

得道的人不会整天想着积累点什么，他们这边得到的东西，那边就用出去了，从来不会储蓄什么。但结果却是，他们越为别人着想，自己就越有；越施与别人，自己就拥有得越多。

佛教也非常注重布施。布施是最好的积蓄，布施出去的是种子，而收回来的是粮仓。

天之道，利而不害；圣人之道，为而不争。

联合国秘书长潘基文在连任时的讲话中就曾经使用了这句话。这是《道德经》第八十一章的最后一句。老子再次强调了大道的两个特性：一个是利而不害；一个是为而不争。利人而不害人，顺道作为而不争、不贪，这不仅是天道，而且是圣人之道。

《道德经》第八十一章反复论述了两个问题，一是何谓道，二是依止道。如果真正体悟到了大道的性质，并且做到了依道而行，这就是脱胎换骨的神人仙境了。